Zehn Hypnosen - Band 3

Der Autor

Ingo Michael Simon ist Heilpraktiker für Psychotherapie und Hypnosetherapeut. Mit Hilfe hypnosegestützter Psychotherapie behandelt er vor allem Menschen mit anhaltenden psychischen Leiden. Angststörungen aller Art und psychosomatische Erkrankungen bilden den Schwerpunkt seiner Praxistätigkeit. Zu seinen therapeutischen Angeboten gehören hauptsächlich klassische und moderne Hypnoseanwendungen, somato-emotionale Psychotherapie und geführte Trancereisen durch die Welt des von ihm entwickelten TRAUMLANDES als innere Repräsentanz der Emotionen.

Ausbildungskurse

Ingo Michael Simon bietet regelmäßig Ausbildungskurse zu verschiedenen Hypnoseformen von der klassischen Suggestionshypnose bis zu modernen Visualisierungstechniken und natürlich zu der von ihm selbst entwickelten TRAUMLANDTHERAPIE an. Aktuelle Informationen und Termine finden Sie auf *www.praxissimon.de.*

Hypnosemusik (gemafrei)

In unserem Verlag finden sie die passende Musik zur Hypnose. Hierzu bieten wir verschiedene Audio-CDs mit Instrumentalmusik an, die von unserem Komponisten Jean Blume mit der Hypnosefachtherapeutin und Heilpraktikerin für Psychotherapie Andrea Wolf eigens für Hypnoseanwendungen entwickelt wurde. Die Musik ist gemafrei und darf ohne weitere Kosten in der Praxis von Beratern, Therapeuten und Trainern angespielt werden. Für Therapeuten, die gerne individuelle Einzelaufnahmen ihrer Sitzungen machen, um sie dem Klienten zur weiteren Arbeit oder Selbsthypnose zu Hause mitzugeben, vor allem bei Fantasiereisen, stellen wir gerne Nutzerlizenzen aus. Infos und Hörproben im Internet auf ***http://gemafrei-hypnosemusik.de*** sowie ***http://www.verlagis.de.***

Zehn Hypnosen - Band 3

Burnout

Suggestionstexte für Hypnotiseure

Zehn Hypnosen - Band 3
Burnout

© 2012 Ingo Michael Simon
Verlag Ingo Simon, St. Wendel
Erste Auflage
ISBN: 978-3-943323-08-5
Umschlagfoto: adpic Bildagentur
Covergestaltung: Magic Merlin
Herstellung: Books on Demand

Kontakt: http://www.verlagis.de

Wichtiger Hinweis
Die Inhalte dieses Buches beruhen auf den praktischen Erfahrungen des Autors mit Hypnoseanwendungen und Psychotherapie im Zustand der Trance. Obwohl sich der Autor um größtmögliche Sorgfalt bemüht hat, können Fehler oder Missverständnisse in der Darstellung nicht vollkommen ausgeschlossen werden. Die therapeutische Arbeit mit Menschen sowie die Anwendung der Hypnose obliegen ausschließlich der Verantwortung des Hypnotiseurs. Es kann nicht ausgeschlossen werden, dass Teile dieses Buches falsch verstanden werden oder die Anwendung eines vorgestellten Verfahrens eine ungewünschte Reaktion beim Klienten bewirken kann. Eine Mitverantwortung des Autors besteht auch dann nicht, wenn unter Hinweis auf die Ausführungen dieses Buches mit einem Klienten gearbeitet wird.

Inhaltsverzeichnis

Die neue Buchreihe ZEHN TRANCEGESCHICHTEN

Die Reihe ZEHN HYPNOSEN geht weiter (s. S. 72). Außerdem gibt es eine parallele Buchreihe ZEHN TRANCEGESCHICHTEN, die Fantasiereisen enthält, die ebenfalls in Therapie, Beratung und im Alltag genutzt werden können.

ZEHN TRANCEGESCHICHTEN

Band 1: Raucherentwöhnung, ISBN 978-3-943323-35-1
Band 2: Angst und Unruhezustände, ISBN 978-3-943323-37-5
Band 3: Burn Out, ISBN 978-3-943323-39-9
Band 4: Übergewicht reduzieren, ISBN 978-3-943323-41-2
Band 5: Vergangenheitsbewältigung, ISBN 978-3-943323-43-6
Band 6: Suizidgedanken und Suizidversuche, ISBN 978-3-943323-45-0
Band 7: Psychoonkologie, ISBN 978-3-943323-47-4
Band 8: Zwänge und Tics, ISBN 978-3-943323-49-8
Band 9: Entscheidungen, ISBN 978-3-943323-51-1
Band 10: Trauerarbeit, ISBN 978-3-943323-53-5

Vorwort

Dieses Buch ist das dritte einer losen Reihe von Textsammlungen für Hypnotiseure und Hypnosetherapeuten. Wie der Titel verspricht, finden Sie zehn vollständige Hypnosesitzungen in Textform darin, die Sie entweder wörtlich übernehmen können, indem Sie diese mit der entsprechenden Stimmlage und Betonung vorlesen; oder Sie übernehmen die Grundlinie jeder Hypnose und ergänzen, verändern oder bearbeiten die Texte so, dass sie noch besser zu ihnen und ihren Klienten passen. Viele frisch ausgebildete Hypnotiseure klagen darüber, zu wenige Suggestionstexte verfügbar zu haben, und in der Tat gibt es nur sehr wenig hierzu in Büchern oder bei Ausbildungsveranstaltungen. Sicherlich lernt jeder, der mit Hypnose arbeitet, früher oder später, eigene Texte frei zu formulieren. Daran misst sich allerdings nicht die Qualität der Arbeit. Die Art des Vortragens der Suggestionen und die Überzeugungskraft des Therapeuten sind oft viel ausschlaggebender als die einzelnen Formulierungen. Dennoch zeigt meine Erfahrung, dass bestimmte Formulierungen und ein ganz bestimmter Aufbau einer Hypnosesequenz sehr stark über den Erfolg der Arbeit mit entscheiden. Ich verzichte ganz gezielt auf theoretische Ausführungen und auf Hinweise zum nonverbalen Anteil der Sitzung. Ich gehe davon aus, dass die Leserinnen und Leser dieses Buches zumindest über eine abgeschlossene Grundausbildung in Hypnose verfügen und wissen, wie die Texte eingesetzt werden können. Ich verstehe die vorliegende Textsammlung daher als Angebot, aus dem sich jede Therapeutin und jeder Therapeut für Klienten mit Erschöpfungszuständen, depressiven Belastungsreaktionen und Burnout etwas aussuchen kann.

Ingo Michael Simon
November 2012

Die Arbeit mit dem Buch

Buchtexte beginnen normalerweise auf der rechten Seite. So will es das klassische Verlagshandwerk. Ich habe das in diesem Buch anders gemacht und komme damit auch direkt zu der Arbeitsweise mit diesem zu sprechen. Einerseits habe ich es geschrieben, um Ideen zu geben, Beispiele greifbar zu machen und zu zeigen, wie Hypnosen im Praxisalltag tatsächlich aussehen können. Andererseits ist es aber auch als Lese- oder genauer gesagt Vorlesebuch konzipiert. Es spricht nämlich überhaupt nichts dagegen, einen Hypnosetext vorzulesen. Er wird dadurch nicht schlechter. Beim Vorlesen müssen wir umblättern, das bleibt auch in diesem Buch nicht aus, allerdings blättern wir weniger, wenn die Texte auf der linken Seite beginnen. So sind zwei ganze Textseiten sichtbar und es kann auch mal zurück gesprungen werden, um einen Teil zu wiederholen, wenn die Trance nicht stabil sein sollte oder einfach an einer Stelle intensiver gearbeitet werden soll.
Das Format des Buches und auch die Schriftart und -größe wurden ebenfalls ganz gezielt von mir so ausgewählt, um einen wenig anstrengenden Lesefluss und schnelle Orientierung im Text zu ermöglichen. Beim Vorlesen müssen wir auch einmal vom Text wegschauen und nach dem Klienten sehen oder den Blick vom Blatt nehmen, um den Augen eine Pause zu gönnen. Bei einem sehr klein geschriebenen Text ist es da schwierig, die richtige Stelle wieder zu finden. Die Punkte ... ... unterbrechen den Lesefluss und zwingen zu Pausen bzw. zum langsamen Lesen, was meistens viel schwieriger ist als langsames Freisprechen.
Bauen sie die Texte in ihre Sitzungen ein und lesen sie diese vor oder verändern sie Teile und passen sie für ihre Klienten an. Allgemein gültige Textvorlagen, die bei allen Klienten und allen Problemkonstellationen gleichermaßen wirken, können nicht erstellt werden. So verstehe

ich meine Bücher auch nicht. Ich verstehe sie vor allem als Beispielsammlungen, die in vielen Fällen, so bestätigen es zahlreiche Zuschriften meiner Leserinnen und Leser, bereits passend sind oder durch wenige individuelle und personalisierte Ergänzungen passend gemacht werden können. Ich verstehe sie aber auch als Vorlagen, die als Basis für eigene Texte und Suggestionen dienen können. Entscheiden sie selbst!

Ich möchte an dieser Stelle noch darauf hinweisen, dass Bücher keine Therapien ersetzen können. Zu einer Psychotherapie oder einer anderen therapeutischen Behandlung gehört selbstverständlich mehr. Eine sorgsame Diagnostik ist die notwendige Entscheidungsgrundlage für den Einsatz der Mittel, also auch dafür, ob Hypnose oder einer meiner Texte zur Anwendung kommen mag. Doch auch in diesem Fall gehören Vorgespräche, Nachgespräche während der Sitzung und natürlich ein therapeutisches Konzept der Sitzungsfolge und inhaltlichen Vorgehensweise zu einer Therapie. Das kann und will ich nicht mit einer Textsammlung leisten. Tief gehende innere Konflikte und krankhafte Zustände müssen immer in ihrer Gesamtheit und Komplexität betrachtet werden. In meiner praktischen Arbeit bildet die Gesprächstherapie nach Carl Rogers die Grundlage der inneren Auseinandersetzung des Klienten mit sich und seinen Themen. Geführte Fantasiereisen oder andere Hypnoseanwendungen ergänzen diese Arbeit und helfen dem Klienten, das zu erkennen und zu bearbeiten, was seinem Wachbewusstsein nur schwer zugänglich oder vollkommen versperrt ist. So einfach die Texte des Buches teilweise klingen mögen, eingebettet in eine strukturierte und professionell geführte Psychotherapie ist es nicht erforderlich, komplexere oder filigran formulierte und intensivsuggestive Hypnosen anzuwenden. In der Einfachheit liegt viel häufiger die Möglichkeit der tatsächlichen Veränderung. Zumindest entspricht das meiner Erfahrung als Heilpraktiker für Psychotherapie, der täglich mit Patienten arbeitet.

Auswahl und Aufbau der Texte

Ich habe den Textaufbau der Buchreihe noch einmal überarbeitet und stärker darauf geachtet, verschiedene Hypnoseformen als Einzeltexte anzubieten. In meiner eigenen Arbeit enthalten die Therapiesitzungen oft Elemente aus verschiedenen Bereichen, die ich miteinander kombiniere, beispielsweise baue ich ideomotorische Kommunikation in Fantasiereisen ein. Im dritten Band und in den folgenden finden sie jeweils zwei Texte zu folgenden Varianten der Hypnose: klassische Suggestion, Ankertechnik, kreative Assoziation und Fantasiereise. Außerdem gibt es jeweils einen Hypnosetext aus den beiden Bereichen der ideomotorischen Arbeit und der somato-emotionalen Visualisierung.

Die beiden Textvorlagen zur klassischen Suggestion arbeiten mit konstruktiven Formulierungen, die auf einer sprachlich-logischen Basis arbeiten und nach beschreibbaren Suggestionsregeln formuliert werden. Wenn sie sich mit den Fomulierungsregeln für Suggestionen genauer befassen möchten, finden sie Detailinformationen mit vielen Beispielen in meinem Buch ***Suggestionen richtig formulieren (ISBN 978-3-8370-9519-7)***. Ankertechniken arbeiten mit konditionierten, also antrainierten bzw. gelernten Signalen, die ein bestimmtes Gefühl, einen Gedanken oder eine Wahrnehmung auslösen sollen. Der Anker kann beispielsweise eine Körperbewegung sein, ein Symbol oder Talisman, der angeschaut wird oder ein Duft, der über die Nase aufgenommen wird. Kreative Assoziationen sind bildhafte Vorstellungen von Szenen, die als Symbol für das bearbeitete Problem stehen und stellvertretend für dieses verstanden und verändert werden. Bei diesen Hypnosen kommt es weniger auf ausgefeilte Formulierungen als auf Plastizität der Visualisierungen an. Bei der ideomotorischen Kommunikation erhalten wir Rückmeldungen vom Körper des Klienten, der über sichtbare Signale wie Fingerbewegungen oder Armlevitationen, Hautrötungen oder Ka-

talepsien (Unbeweglichkeiten) innere Vorgänge äußerlich abbildet. Hierbei kommt es darauf an, keine aktiven Signale des Klienten abzufragen, sondern unbewusst gesteuerte und unbewusst gegebene Signale zu verwenden. Fantasiereisen gehen schließlich einen längeren Weg über mehrere Stationen einer imaginierten Welt, um sich in dieser Fantasiewelt mit Problemen auseinander zu setzen und Lösungswege zu finden. Für diese Variante der Hypnose biete ich Texte aus der von mir entwickelten Traumlandtherapie an, die die eigentlichen Geschichten nicht inhaltlich strukturiert, wie das bei vielen Fantasiereisen oder Trancegeschichten üblich ist. Das Land der Träume ähnelt eher einer Filmkulisse mit offenen Szenen, die von der Erinnerung und den visualisierten Emotionen des Klienten intuitiv gefüllt werden. Somatoemotionale Hypnosen arbeiten mit der Verbindung von Emotion und Körpergefühl und leiten Veränderungen über die Steuerung der Konzentration auf und Achtsamkeit für den eigenen Körper ein. Zur schnellen Orientierung ist bei jedem Text natürlich ein Untertitel abgedruckt, der zeigt, um welche Variante es sich jeweils handelt.
Die einzelnen Texte sind nach folgendem Ablauf aufgebaut und ebenfalls mit Zwischenüberschriften im Verlauf kenntlich gemacht:

1. Einleitung (Induktion)
2. Vertiefung der Trance
3. Förderung der Veränderungsbereitschaft (Compliance)
4. Hauptteil (Therapieteil, Anwendungsteil)
5. Festigung (Posthypnotischer Auftrag oder Ankertechnik)
6. Dehypnose 1 (Übergang zur Ausleitung)
7. Dehypnose 2 (Ausleitung der Trance)

Ich habe mich bei den Fantasiereisen der Traumlandtherapie ebenfalls an diesen Ablauf gehalten. Wenn sie sich für eine detaillierte Traumlandtherapie interessieren, informieren sie sich gerne auch auf meiner Seite *www.traumlandtherapie.de*.

Hypnose 1

Entspannung und Ruhe

Klassische Suggestionshypnose

Der folgende Hypnosetext gehört zu den klassischen Hypnosen, die im Hauptteil (Anwendungsteil, Therapieteil) vor allem mit direkten Suggestionen arbeiten. Hierbei kommt es auf Formulierungen an, die eine konstruktive Grundhaltung fördern und die innere Ausrichtung auf das Therapieziel bestätigen.

Einleitung (Induktion)

... ... Schließ die Augen und finde eine angenehme und bequeme Position ... ... so bequem wie es nur irgendwie geht ... ... gut so ... ... genau so ist es richtig ... ... Vielleicht hast du schon bemerkt, dass sich dein Organismus sehr schnell entspannt ... ... Es genügt bereits, dass ich von fünf bis eins zähle, wobei du in eine sehr tiefe Trance gehst .. ... einfach so ... ... fünf - vier - drei - zwo - eins - schlafen ... ... und noch einmal tiefer ... ... fünf - vier - drei - zwo - eins - schlafen ... ... du gehst immer tiefer ... ... fünf - vier - drei - zwo - eins - schlafen ... ... So einfach ist das ... ... Du sinkst einfach immer tiefer in die Entspannung ... ... fünf - vier - drei - zwo - eins - schlafen ... ... genau ... ... fünf - vier - drei - zwo - eins - schlafen ... ... und noch tiefer ... ... fünf - vier - drei - zwo - eins - schlafen ... ... genau so ... ... fünf - vier - drei - zwo - eins - schlafen ... ... Jetzt schlaf ganz tief und fest ... ...

Vertiefung der Trance

... ... Damit du dich besser entspannen kannst, helfe ich dir zunächst einmal dabei, in einen schönen körperlichen Entspannungszustand zu kommen ... ... Dein Körper kann sich auf Kommando entspannen, indem ich zähle: fünf - vier - drei - zwo - eins - schlafen ... ... Das machen wir nun mit jedem Körperteil ... ... Wir beginnen bei den Schultern: fünf - vier - drei - zwo - eins - schlafen ... ... gut so ... ... nun folgen deine Arme: fünf - vier - drei - zwo - eins - schlafen ... ... auch das gelingt dir schnell ... ... Nun folgt dein Oberkörper dieser Ruhe: fünf - vier - drei - zwo - eins - schlafen ... ... Ja, genau so ... ... Nun wird dein Bauch ganz müde und träge: fünf - vier - drei - zwo - eins - schlafen ... ... gut so ... ... gut so ... ... Dann entspannt auch dein Rücken ganz tief: fünf - vier - drei - zwo - eins - schlafen ... ... Alles folgt dieser Ruhe ... ... Dein ganzer Körper will tief einschlafen: fünf - vier - drei - zwo - eins - schlafen ... ... Deine Beine folgen nun dem Schlaf des Körpers: fünf - vier - drei - zwo - eins - schlafen ... ... Das fühlt sich gut an ... ... ganz gut ... ... fünf - vier - drei - zwo - eins - schlafen ... ... Und auch die Füße wollen ruhiger werden ... ... Selbst deine Füße wollen schlafen: fünf - vier - drei - zwo - eins - schlafen ... ... genau so ... ... fünf - vier - drei - zwo - eins - schlafen ... ... und noch einmal: fünf - vier - drei - zwo - eins - schlafen ... ... Du versinkst in einer tiefen Entspannung und Ruhe: fünf - vier - drei - zwo - eins - schlafen ... ... fünf - vier - drei - zwo - eins - schlafen ... ...

Veränderungsbereitschaft fördern (Compliance)

... ... Du willst dich heute ausruhen und dabei zu neuer Kraft finden ... ... Also konzentrierst du dich zuerst auf die innere Ruhe und lässt sie ganz bewusst werden ... ... Je mehr du die innere Ruhe spüren kannst, umso eher wirst du neue Kraft entdecken ... ... Beides hängt direkt zusammen ... ... Du spürst Ruhe und findest dabei Kraft ... ... Konzentriere dich noch einmal auf das Gefühl der Ruhe und öffne somit eine Tür für die neue und intensive Kraft und Stärke tief in dir ... ... genau so ... ...

Hauptteil

… … Du hast beschlossen, nun endlich Ruhe zu erleben und darin neue Kraft aufzubauen … … und es ist beachtlich, wie gut es dir gerade jetzt in diesem Augenblick gelingt, innerlich ruhiger und gelassener zu sein … … wie schnell du dich doch entspannt hast … … wie selbstverständlich du in Trance gegangen bist … … und ich frage mich, ob du bereits bemerkt hast, wie tief du dich schon in Trance befindest … … sehr tief … … wirklich sehr tief … …. doch gleichzeitig kannst du mich noch gut hören … … Das ist das Besondere … …

… … Also nimmst du dir jetzt noch fester vor, dich ab sofort viel intensiver um dich selbst zu kümmern, um rechtzeitig zu bemerken, dass du wieder einmal Ruhe brauchst … … So wie das Gefühl in diesem Moment … … einfach Ruhe … …

… … Deine Gedanken folgen deinem Wunsch … … deine Gedanken richten sich darauf aus, mit viel Aufmerksamkeit deine tiefen inneren Bedürfnisse zu spüren … … eben auch dein Bedürfnis nach Entlastung … … So kannst du selbst sofort reagieren, um ruhiger zu werden, um dich ausreichend und intensiv zu regenerieren … … Ganz beachtlich, wie gut es dir gelingt, diesen Gedanken schon jetzt zu einem festen Ritual werden zu lassen … … zu einem Gedanken, den du immer in dir trägst … … der Gedanke, gut auf dich zu achten und Pause zu machen … … In deinem Kopf entsteht ein Plan, der vorsieht, dass du Pausen einlegst, sobald du Ermüdung spürst … … Auch jetzt fühlst du dich müde, weil du in eine tiefe Entspannung kommst … … also dann … … leg eine Pause ein … … genau jetzt … … genau so … … genau jetzt … … genau so … …

Jetzt hast du Zeit nur für dich … … und vielleicht hast du dich oft gefragt, was du mit einer Zeit für dich selbst anfangen kannst … … wie das geht, für dich selbst da zu sein … … Jetzt weißt du, wie es geht … … Du machst das Gleiche wie jetzt … … nur ausruhen … … das ist genug … … nur ausruhen … … das ist richtig … … nur ausruhen … … genau so … …

… … Auch dein Körper folgt deinen Gedanken … … Dein Körper kennt diesen Wunsch nach Ruhe und Ausgleich … … denn viel zu lange schon ist er müde … … Doch die Müdigkeit deines Körpers ist ab heute positiv für dich, denn sie zeigt dir, dass du nun ausruhen musst … … Wirklich erstaunlich, wie gut du die Signale deines Körpers wahrnehmen kannst, sobald du darauf achtest … … Jetzt tust du es … … Jetzt spürst du deinen Körper … … Du richtest all deine Achtsamkeit jetzt auf dein Körpergefühl … … und spürst dein Verlangen nach Regeneration … … dein Verlangen nach Gelassenheit … … dein Verlangen nach Ruhe … … dein Wunsch nach neuer Kraft und Stärke … …

… … Dein Körper hilft dir, indem er dir deutliche Signale sendet … … und es ist beachtlich, wie gut er das kann, und wie gut er das tut … … Spüre tief in deinen Körper hinein und folge seinen Signalen … … Achte auf das Signal der Müdigkeit … … Du kannst sie spüren, wenn du dich jetzt auf dieses Gefühl konzentrierst … … Dein Körper ist bereits ruhig geworden … … Du bewegst dich nicht mehr, weil du müde bist und weil es bequem ist … … Du spürst also die Müdigkeit und kannst sie ganz intensiv werden lassen … … Je deutlicher du die Müdigkeit spürst, desto schneller kannst du regenerieren … …

… … Und tief in dir gibt es noch viel mehr Gefühle und Empfindungen, für die du nun Zeit hast … … Enttäuschungen … … Frustrationen … … Aggressionen … … Verletztheiten … … Sehnsüchte … … unerfüllte Wünsche … … Was auch immer in dir ist, du kannst es spüren … … deutlicher als je zuvor … … ganz deutlich kannst du heute spüren, welche Gefühle sich in dir melden … … sehr alte … … fast vergessene … … doch jetzt sind sie wieder da … … auch ganz neue … … auch Gefühle, die gerade erst entstehen … … in diesem Augenblick … …

… … Dabei machst du dir klar, dass es darauf ankommt, alle Gefühle und Empfindungen da sein zu lassen … … dir selbst zu erlauben, so zu fühlen wie du fühlst … … und all deine Gefühle als freundliche Botschaft deines tiefen Inneren zu verstehen, dass dir erzählen möchte, wie es dir geht unter der Oberfläche ... ... Das hilft dir, nun endlich zur Ruhe zu kommen ... ... endlich dich zu erholen ... ... Wirklich erstaunlich, wie schnell es dir gelingt, einfach nur da zu sein ... ... nichts zu tun, sondern nur zu fühlen ... ... im Augenblick zu leben ... ... zu regenerieren ... ...

Festigung (Posthypnotischer Auftrag)

... ... Jetzt bist du ganz nah bei dir ... ... Deine Gedanken sind klar und entspannt ... ... dein Körper ist präsent und zeigt dir seine Wahrnehmungen ... ... Deine Gefühle sind die Gefühle des Augenblicks ... ... Du nimmst dich selbst mit all deinen Bedürfnissen deutlich wahr ... ... vor allem entwickelst du damit ein Gefühl dafür, wie viel Ruhe du brauchst ... ... Daraus entsteht ganz automatisch ein Plan in deinen Gedanken, wie du immer wieder ausreichend Ruhe finden kannst ... ... durch ausreichend Pausen ... ... durch Unterbrechungen ... ... durch Achtsamkeit für dich selbst ... ...

... ... Und jeden Morgen, wenn du in den Spiegel schaust, kannst du es in deinen eigenen Augen sehen ... ... Du kannst dich selbst erkennen ... ... deine Bedürfnisse sehen und sie erfüllen ... ... Mit jedem Blick in den Spiegel verbindest du dich tiefer mit dir selbst und erhältst sofort eine Mitteilung deines Körpers, der dir sagt, wie er sich fühlt ... ... Mit jedem Blick in den Spiegel verbindest du dich tiefer mit dir selbst und erhältst sofort eine Mitteilung deiner Emotionen, die dir sagen, was du tief in dir fühlst ... ... Mit jedem Blick in den Spiegel verbindest du dich tiefer mit dir selbst und es entsteht sofort ein Plan deines Verstandes, der dir sagt, wie du dich am besten um dich selbst kümmern kannst, um zu regenerieren ... ...

... ... Zu jeder Zeit des Tages kannst du gezielt in einen Spiegel schauen, um eine tiefe Verbindung zu dir herzustellen, so wie jetzt in diesem Augenblick ... ... und mit jedem Blick in einen Spiegel wächst deine Achtsamkeit und dein Gespür für dich selbst, sodass du von Tag zu Tag immer deutlicher und immer selbstverständlicher weißt, wie du

dich fühlst ... ... wie du Ausgleich und Pausen gestaltest ... ... wie du immer näher zu dir findest und deine Bedürfnisse nach Gesundheit und Zufriedenheit gestillt sind ... ...
... ... Richte jetzt noch einmal all deine Achtsamkeit auf deinen Körper und auf deine Gefühle ... ... Spüre und sei dir bewusst, was du brauchst und wie du handeln kannst, um es zu erleben ... ... So deutlich kannst du dich selbst an jedem Tag in deinem Leben spüren ... ... an jedem einzelnen Tag ... ... genau so wie jetzt ... ... genau so ... ...

Dehypnose 1 (Übergang zur Ausleitung)

... ... Die Wirkung meiner Worte fließt wie ein warmer sanfter Strom aus Energie durch deinen Körper ... ... Lass diese Energie einfach da sein und Gutes für dich tun ... ... während du dich darauf einstellst, nun langsam den Rückweg zum Wachsein anzutreten ... ... Du stellst dich innerlich auf das Wachwerden ein ... ...

Dehypnose 2 (Ausleitung)

... ... Du musst nun wieder wach werden ... ... Hierzu zähle ich für dich bis fünf und du wirst mit jedem Mal wacher und klarer ... ... eins- zwo - drei - vier - fünf - wach werden ... ... genau so ... . eins- zwo - drei - vier - fünf - wach werden ... ... Du machst das gut und wirst immer wacher ... . eins- zwo - drei - vier - fünf - wach werden ... ... und noch einmal ... ... eins- zwo - drei - vier - fünf - wach werden ... ... immer wacher und klarer ... . eins- zwo - drei - vier - fünf - wach werden ... ... Noch einmal und dann öffnest du die Augen ... ... Sobald ich sage „wach werden“ öffnest du die Augen ... ... und sobald deine Augen geöffnet sind, bist du hellwach ... ... eins- zwo - drei - vier - fünf - wach werden ... ... Augen auf ... ...

Hypnose 2

Kraft schöpfen

Klassische Suggestionshypnose

Der folgende Hypnosetext gehört zu den klassischen Hypnosen, die im Hauptteil (Anwendungsteil, Therapieteil) vor allem mit direkten Suggestionen arbeiten. Hierbei kommt es auf Formulierungen an, die eine konstruktive Grundhaltung fördern und die innere Ausrichtung auf das Therapieziel bestätigen.

Einleitung (Induktion)

... ... Mach die Augen zu und finde eine angenehme Position ... ... nur auf Bequemlichkeit kommt es jetzt an ... ... auf Gemütlichkeit ... ... denn jetzt ist es an der Zeit, auszuruhen ... ... mit jedem Atemzug tiefer in die Gemütlichkeit zu kommen ... ... tiefer zu entspannen und den Alltag zu vergessen ... ... Achte auf deine Atmung und spüre, wie du Spannung loslässt beim Ausatmen und wie es ruhiger in dir wird ... ...

... ... Vor deinem inneren Auge kannst du dir nun eine liegende Acht vorstellen ... ... vielleicht in deiner Lieblingsfarbe ... ... Und dann siehst du einen weißen Lichtpunkt, der sich langsam und harmonisch über diese Acht bewegt ... ... Mit elegantem Schwung folgt dieser weiße Lichtpunkt den Kurven der Acht ... ... hin und her ... ... Der weiße Lichtpunkt bewegt sich auf der liegenden Acht ... ... und wird schneller ... ... Du verfolgst die schwungvollen Bewegungen des Lichtpunktes auf der liegenden Acht und lässt ihn schneller werden ... ... immer schneller bewegt sich der Lichtpunkt auf der Kurvenbahn der liegenden Acht ...

... immer schneller ... ... Du bleibst mit deinem Blick auf dem weißen Lichtpunkt, der sich immer schneller auf der Acht bewegt ... ... immer schneller ... ... und du wirst dabei müde und schläfrig ... ... bis dein Blick sich in der Dunkelheit verliert und du nur noch ausruhen möchtest ... ... Jetzt ist nichts mehr wichtig ... ... nur deine Ruhe ... ... die tiefe innere Ruhe ... ... so, also würdest du einschlafen und deine Gedanken hin und her treiben lassen ... ...

Vertiefung der Trance

... ... Mit einem tiefen Atemzug lässt du jede noch spürbare Anspannung einfach los ... ... genau so ... ... noch einmal ... ... genau so ... ... Mit geschlossenen Augen geht dein Blick in die Ferne ... ... so als würdest du tief in den Nachthimmel blicken ... ... tief in das Universum ... ... Unendlich weit entfernt erblickst du einen kleinen weißen Lichtpunkt ... ... so klein, dass du ihn gerade noch so erkennen kannst ... ... Er leuchtet weiß, ganz in der Ferne ... ... Dein Blick richtet sich starr auf diesen Punkt, so weit entfernt ... ... und deine Gedanken bewegen sich dorthin ... ... weit in die Ferne, zu diesem weißen Punkt aus purem Licht ... ... All deine Gedanken lösen sich von dir und schweifen in die Ferne ... ... Sie lösen sich von dir ab ... ... Deine Gedanken gehen auf eine weite Reise zu diesem Lichtpunkt im Universum ... ... weit entfernt ... ... Dabei wird es ruhiger und stiller in dir ... ... Du entspannst dich und schickst jeden Gedanken mit auf diese Reise ins tiefe Universum ... ... zu einem Licht, viele tausend Kilometer entfernt ... ...

Veränderungsbereitschaft fördern (Compliance)

... ... Je deutlicher du dir dieses Licht vorstellst, umso besser kann dein Unterbewusstsein dir helfen ... ... Je stärker du jetzt dieses Bild des Universums aufbauen kannst, umso schneller gelangst du auch innerlich an dein Ziel ... ... denn Vorstellungskraft und Wahrheit liegen ganz nah beieinander ... ... ganz nah ... ...

Hauptteil

... ... Du hast dir vorgenommen, wieder Kraft aufzubauen ... ... Dieser Entschluss steht fest ... ... Gleichzeitig weißt du, dass du sorgsam mit deinem Kraftvorrat umgehen wirst, um gesund zu bleiben und immer kraftvoll zu sein ... ... Dein Entschluss ist gut und richtig, denn es stimmt, dass wir selbst unsere Kraft aufbauen können ... ... wenn wir wissen, wie das geht ... ... Hier und heute kannst du Kraft gewinnen ... ... Kraft ganz fest in dir verankern ... ... Kraft, die einfach da ist und dir zur Verfügung steht ... ... Erstaunlich, doch das geht tatsächlich ... ... Du gewinnst die Kraft aus deiner Umgebung ... ... mit jedem Atemzug nimmst du sie auf ... ... mit jedem Atemzug ... ...

... ... Konzentriere dich also auf deine Atmung und lass sie bewusst werden ... ... spüre deine Atmung bei jedem Atemzug ... ... Einatmen ... ... Ausatmen ... ... *[im Atemrhythmus des Klienten bitte!]* ... ... Einatmen ... ... Ausatmen ... ... Einatmen ... ... Ausatmen ... ... So ist es gut ... ... Du machst es genau richtig so ... ...

... ... Mit den nächsten Atemzügen nimmst du Kraft für deinen Verstand auf ... ... Deine Gedanken werden klarer ... ... so klar, dass du sie wie auf einem weißen Blatt lesen kannst ... ... Jeden einzelnen Gedanken kannst du präzise wahrnehmen und erkennen ... ... selbst die Gedanken, die du sonst beiläufig hattest ... ... Jetzt sind alle Gedanken klar und präzise ... ... Damit spürst du mit jedem Atemzug die stärker werdende Kraft in deinen Gedanken ... ... die Klarheit und Reinheit ... ... die Ordnung deiner Gedanken ... ... Alles macht plötzlich Sinn ... ... Ist es nicht schön, dass du das einfach mit der Atmung machen kannst ... ... Einatmen ... ... Ausatmen ... ... und alle Gedanken werden klar ... ... So kannst du erkennen, welche Gedanken nur stören und diese aussortieren ... ... Du beendest einfach alle störenden Gedanken und wendest dich den hilfreichen und konstruktiven Gedanken zu ... ...

... ... Mit jedem einzelnen Atemzug kannst du die Kraft spüren, die aus deiner Umgebung in dich hinein fließt ... ... gut so! ... ... sehr gut! ... ...

… … Wenn du denkst, dass deine Gedanken noch klarer und kraftvoller sein sollen, dann konzentriere dich noch stärker auf deine Atmung und spüre dabei die steigende Kraft … …

… … Nun wende dich deinem Körper zu … … Dein Körper brauchte Ruhe … … Nun kann er wieder Stärke und Energie aufbauen … … Mit den nächsten Atemzügen spürst du die Kraft, die in deinen Körper kommt … … tiefe Entspannung und starke Kraft … … Du spürst die Ruhe und die Entspannung in deinem Körper … … Je deutlicher du die Entspannung fühlen kannst, umso schneller und umso besser kann sich neue Kraft aufbauen … … beachtlich, dass beides gleichzeitig geht … … Ruhe fühlen und Kraft aufbauen … … Es geht … … Und du erlebst es gerade … … Deine Kraft nimmt mit jedem Atemzug zu … … mit jedem einzelnen Atemzug … … einatmen … … ausatmen … … Kraft und Stärke … … genau so … … einatmen … … ausatmen … … Deine Kraft wird immer größer und immer intensiver … … Kraft durch Atmen … … Kraft durch Atmen … … herrlich … …

… … Ganz tief in dir gibt es noch eine viel größere Kraft … … die Kraft deiner Emotionen … … die größte Energie unseres Organismus … … unsere Gefühle und Empfindungen … … unsere Emotionen … … Du atmest jetzt also tiefer ein und aus als vorher … … noch tiefer … … ganz tief … … genau so … … und noch einmal … … ganz tief … … Damit gelangt Kraft ganz tief in dein Unterbewusstsein … … eine heimliche und doch aktive Kraft, die dir immer zur Verfügung steht … … mit jedem Atemzug kannst du sie größer werden lassen … … die Kraft deiner Gefühle … .. Du erlebst sie als Gefühl einer inneren Energie … … genau jetzt … … Deine Energie wird immer stärker … … stärker als je zuvor … … genau jetzt … …

… … Einatmen und Ausatmen … … das ist schon genug … … Einatmen und Ausatmen … … Das ist schon genug … … Dein Organismus hat es verstanden … … hervorragend … … Es läuft genau, wie ich es dir gesagt habe ... ... einfach einatmen und ausatmen ... ... Das ist genug ... ... Du spürst die neue Kraft in dir ... ...

Festigung (Posthypnotischer Auftrag)

... ... Du spürst, wie gut du über das gezielte Atmen Kraft aufbauen kannst ... ... neue Kraft gewinnen kannst ... ... Du prägst dir ganz tief ein, dass es an jedem Tag in deinem Leben genau so geht ... ... Mit einem gezielten und ganz intensiven Atemzug, kannst du Kraft und Stärke aufbauen ... ... mit nur einem Atemzug ... ... tief ein ... ... und aus ... ... Du probierst es jetzt noch einmal, um deinen Körper daran zu gewöhnen ... ... jetzt tief einatmen ... ... und ausatmen ... ... *[im Atemrhythmus des Klienten bitte bzw. so, dass er folgen kann!]* ... ... noch einmal, damit sich auch dein Unterbewusstsein alles einprägt ... ... jetzt tief einatmen ... ... und ausatmen ... ... genau so und gleich noch einmal ... ... jetzt tief einatmen ... ... und ausatmen ... ... Du weißt wie es geht ... ... jetzt tief einatmen ... ... und ausatmen ... ... Du kannst es ... ...

... ... Dein tiefes Inneres macht eine Gewohnheit für dich daraus ... ... So gelingt es dir an jedem Tag, Kraft aufzubauen, indem du kurz innehältst und ganz bewusst atmest ... ... einen oder vielleicht zwei Atemzüge, das genügt ... ... Und immer, wenn du ganz gezielt und mit dem Ziel, Kraft aufzubauen, ein- und ausatmest, spürst du unmittelbar deine innere Kraft größer werden ... ... so wie jetzt ... ...

... ... immer, wenn du ganz gezielt und mit dem Ziel, Kraft aufzubauen, ein- und ausatmest, spürst du unmittelbar deine innere Kraft größer werden ... ... so wie jetzt ... ...

... ... So wird deine Kraft jeden Tag größer ... ... So wird deine innere Kraft jeden Tag selbstverständlicher ... ... und du kannst kontrollieren, dass sie immer wieder aufgebaut wird ... ... Du kannst sie erhalten und ergänzen ... ... jeden Tag ... ... Du weißt ja jetzt wie einfach es ist ... ... genau so einfach wie in diesem Augenblick, in dem es so selbstverständ-

lich funktioniert ... ... Du kannst es an jedem Tag testen ... ... Du kannst es immer wieder tun ... ... immer wieder deine Kraft erneuern ... ...
... ... immer, wenn du ganz gezielt und mit dem Ziel, Kraft aufzubauen, ein- und ausatmest, spürst du unmittelbar deine innere Kraft größer werden ... ... so wie jetzt ... ...

Dehypnose 1 (Übergang zur Ausleitung)

... ... Erlaube dir jetzt noch ein wenig Ruhe und Gelassenheit ... ... eine bequeme Auszeit, um deinem Organismus die Möglichkeit zu geben, die neue Kraft so richtig zu verankern ... ... tief in dir für dich zu bewahren ... ... Während dein Unterbewusstsein weiter für dich daran arbeitet, Kraft aufzubauen mit jedem Atemzug, stellst du dich innerlich darauf ein, bald wieder wach zu werden ... ... In wenigen Augenblicken bist du wieder wach ... ...

Dehypnose 2 (Ausleitung)

... ... Nun stellst du dich darauf ein, bald wieder wach zu werden ... ... wieder anzukommen im Hier und Jetzt ... ... Mit geschlossenen Augen schaust du weit in die Ferne ... ... tief in das dunkle Universum und findest einen kleinen Lichtpunkt ... ... unendlich weit entfernt ... ... All deine Gedanken sind dort in diesem Punkt ... ... Mit einem Strahl aus weißem Licht kommen sie zurück zu dir ... ... Gleichzeitig kommst du zurück und näherst dich deinem wachen Alltag ... ... Deine wachen und aktiven Gedanken kommen mit einem Strahl aus weißem Licht zurück zu dir und du fühlst dich frischer und wacher ... ... mit jedem Atemzug spürst du die ankommende Wachheit deiner Gedanken ... ... neue und kreative Gedanken, die dich aufwecken ... ... Du wirst immer wacher und darfst dich wohl fühlen ... ... Mit einem kräftigen Atemzug wirst du wach und öffnest die Augen ... ...

Hypnose 3

Du bist wichtig

Hypnose mit Ankertechnik

Die folgende Hypnosesitzung arbeitet mit einem körperlichen Anker. Als Anker bezeichnet man einen Auslöser, der ein bestimmtes Gefühl herstellen oder einen bestimmten Gedanken wecken soll. Wir wollen dem Klienten helfen, mit einem leichten Druck auf die linke Hand (auf den Ballen unterhalb des Daumens) das Gefühl der Entspannung zu produzieren. Wir besprechen das vor der Sitzung mit dem Klienten und zeigen ihm die Stelle, auf die er drücken soll. Während der Hypnosesitzung richten wir den Anker dann ein. Es kommt darauf an, im Zustand der Ruhe das Drücken auf den Daumenballen mit dem schon vorherrschenden Gefühl der Ruhe zu verbinden. Dazu müssen wir uns der inneren Ruhe auch sicher sein. Der Hypnosetext ist zum Einrichten der Ruhe geeignet. Dennoch sollten sie ihren Klienten genau beobachten und sicherstellen, dass er sich tatsächlich gut fühlt, wenn der Anker im Teil des posthypnotischen Auftrags gesetzt wird.

Einleitung (Induktion)

... ... Mach es dir gemütlich und geh einfach in eine schöne Trance ... ... Du weißt ja bereits, wie das geht ... ... oder genauer gesagt: Dein Körper weiß es ... ... denn du bist ja schon in Trance gewesen ... ... Alle Menschen gehen mehrmals täglich in einen ganz natürlichen Trancezustand ... ... vielleicht wusstest du das ja ... ... Es geschieht von selbst ... ... beim

Spaziergang ... ... beim langweiligen Fahren auf der Autobahn ... ...Dann fragen wir uns manchmal, wo die Zeit geblieben ist ... ... Plötzlich ist die Ausfahrt schon da ... ... Kinder gehen beim Spielen in eine natürliche Trance ... ... Sie hören dann nicht, wenn wir rufen ... ... Und Schüler, die immer abwesend wirken, werden als Träumer bezeichnet, wobei sie sich eigentlich in Trance befinden ... ...

... ... Du kennst all diese Trancen, hast vielleicht noch nicht darüber nachgedacht, dass das Trancezustände sind ... ... Du kennst sie gut und kannst daher ganz leicht in diesen Zustand gehen ... ... Jetzt! ... ... Dein Körper kann es ... ... Jetzt! ... ... Deine Gedanken können es ... ... Jetzt! ... ... Dein Unterbewusstsein kann es am besten und geht jetzt in Trance ... ... Jetzt! ... ...

Vertiefung der Trance

... ... Stell dir einmal die Zahl Acht vor deinem inneren Auge vor und lass sie zur Seite kippen ... ... so hast du eine liegende Acht ... ... Vielleicht kennst du dieses Zeichen auch als Symbol der Unendlichkeit ... ... die liegende Acht ... ... Stell sie dir in der Farbe weiß vor, wie mit einem dicken Pinsel gemalt ... ... Und nun stell dir einen kleinen Lichtpunkt vor, der sich auf den Schleifen der Acht bewegt, wie eine kleine Kugel oder ein kleiner Ball, der auf der Acht rollt ... ... hin und her ... ... und hin und her ... ... immer der Achterbahn folgend ... ... Deine Augen folgen dieser Bewegung des Lichtballs hin und her ... ... und hin und her ... ... und ganz von selbst wirst du ruhiger ... ...

... ... Lass den Lichtpunkt schneller werden ... ... lass ihn immer schneller über die Achterbahn der liegenden Acht sausen ... ... hin und her geht die Bewegung ... ... harmonisch geschwungen ... ... immer der Achterbahn folgend ... ... und du folgst der inneren Entspannung mit der Bewegung des Lichtpunktes ... ... mit jeder Kurve wirst du müder ... ... und je schneller der Lichtpunkt wird, umso müder wirst du ... ... lass ihn schneller werden ... ... noch schneller und immer müder ... ... noch schneller ... ... und müder ... ...

Veränderungsbereitschaft fördern (Compliance)

... ... Wir arbeiten heute mit einem Anker, darüber haben wir schon gesprochen ... ... Diesen Anker trägst du schon an deinem Körper ... ... deine linke Hand ist der Anker, der von der rechten Hand ausgelöst wird ... ... Doch dazu kommen wir etwas später ... ... Damit du den Anker zu einhundert Prozent nutzen kannst, findest du jetzt schon die beste Haltung, um ihn auszulösen ... ... Greife mit deiner rechten Hand zur linken und taste mit deinen Fingern nach dem Handballen ... ... ganz leicht nur ... ... ganz sanft ... ... Entscheide, ob du lieber mit Zeigefinger und Mittelfinger auf den Hadballen greifen willst oder mit dem Daumen ... ... vielleicht hast du sogar eine andere Variante ... ... Mach es so, wie du deinen Handballen am besten packen kannst ... ... *[Abwarten bis der Klient einen guten Griff gefunden hat; noch einmal auffordern, falls er nicht gleich „mitmacht"]* ... ... Wunderbar ... ... So gelingt es am besten ... ... sehr gut ... ... Und nun lass deine Hand wieder los und lege beide Hände locker neben deinen Körper ... ...

Hauptteil

... ... Jetzt ist es an der Zeit, eine ganz tiefe Entspannung zu finden ... ... tiefer als jemals vorher ... ... Du gehst immer tiefer in dich hinein ... ... so als könntest du in dir selbst versinken ... ... Du lässt alle Gedanken los ... ... und stellst dir vor, wie schön dass sein wird, sobald es dir vollkommen gelingt, dich selbst als wichtig zu betrachten ... ... dich selbst in den Mittelpunkt deiner Fürsorge zu stellen ... ... dich ganz um dich selbst zu kümmern und es zu genießen, dein bester Beschützer zu sein ... ... Ist es nicht beachtlich, wie leicht es dir gelingt, diesen Gedanken aufzubauen? ... ... und ebenso erstaunlich ist es, dass zwischen einem Gedanken und einer Handlung nur eine einzige Sekunde sein muss ... ... Sobald du einen Gedanken gefunden hast oder einen Entschluss gefasst hast, kannst du handeln ... ... Du machst dir in diesem Augenblick vollkommen klar, dass du längst einen Entschluss gefasst hast ... ... Du hast entschieden, dich selbst ernst zu nehmen ... ... für deine Gesundheit einzutreten ... ... gut für dich zu sorgen ... ... Also brauchst du nicht mehr als eine einzige Sekunde, um nach deinem Entschluss zu handeln ... ... Du tust ab sofort einfach das, was erforderlich ist, um Wahrheit aus deinem Entschluss zu machen ... ... um Auszeit zu nehmen und ruhiger zu werden ... ... genau so wie jetzt ... ... Jetzt, in genau diesem Augenblick kannst du spüren, dass du innerlich schon viel ruhiger geworden bist ... ... Dein Körper liegt still da, er bewegt sich nur noch ganz wenig ... ... fast gar nicht mehr ... ... Sicherlich weißt du, dass körperliche Bewegung und innere Ruhe direkt zusammen hängen ... ... Je ruhiger du innerlich bist, umso ruhiger wird auch dein Körper und umso langsamer deine Bewegungen ... ... so wie jetzt ... ... Umgekehrt funktioniert es ganz genau so ... ... Wenn dein Körper langsamer wird, weil du ihn zur Ruhe kommen lässt, wird auch dein inneres Gefühl ruhiger ... ... so wie jetzt ... ... und je mehr du dich auf diese Entspannung konzentrierst, umso tiefer geht sie ... ... Du hast entschieden, dir selbst wichtig zu sein ... ... genau das tust du gerade, denn du nimmst dir diese Zeit nur für dich und deine Entspannung ... ...

... ... Es ist, als ob du nun tief schlafen willst ... ... immer tiefer in der Unterlage versinkst, auf der du liegst ... ... wie auf einem ganz weichen Kissen ... ... wie auf Wolken gebettet ... ... sinkst du immer tiefer in dich hinein ... ... so tief, dass du meine Worte immer leiser wahrnimmst ... ... So ist es gut ... ... Zeit nur für dich, denn du bist wichtig ... ... Zeit nur für dich, denn du willst zur Ruhe kommen ... ... Zeit nur für dich, denn du willst gesund werden/bleiben ... ... Zeit nur für dich ... ... nur für dich ... ... Du spürst den tiefen Wunsch in dir, immer wieder in diese ruhige und angenehme Position zu kommen, schneller noch als jetzt ... ... Wie schön kann es sein, sobald es dir gelingt, ganz schnell in diesen herrlichen Zustand der Entspannung zu kommen und dich damit ganz um dich selbst zu kümmern ... ... Wirklich erstaunlich, dass genau das möglich ist ... ...

Festigung (Posthypnotischer Auftrag)

... ... Du hast entschieden, also kannst du handeln ... ... In dem Wort ‚handeln' steckt das Wort ‚Hand' ... ... Nun kannst du tatsächlich handeln ... ... Greif nach deiner linken Hand ... ... Mach es jetzt so, wie du es geübt hast ... ... Ergreife deine linke Hand und konzentriere dich auf dein inneres Gefühl ... ... Wenn du denkst, es kann noch angenehmer werden, dann lass es einfach noch schöner werden in deinem Gefühl ... ... noch gelassener ... ... mit noch mehr Achtsamkeit und Fürsorge für dich selbst ... ... genau so ... ... genau so ... ... Du kannst es ... ...

... ... Und nun lass dieses Gefühl ganz bewusst werden ... ... und drücke nun den Ballen der linken Hand ... ... und noch einmal ... ... drücken ... ... Dein Inneres stellt sich darauf ein, dass genau dieses Drücken des Handballens das Signal ist, unverzüglich in den gleichen inneren Ruhezustand zu gehen wie jetzt ... ... Immer, wenn du deinen Handballen drückst, gehst du sofort in den Zustand innerer Ruhe und spürst das Bedürfnis, achtsam mit dir selbst umzugehen ... ... dich selbst ernst zu nehmen ... ... dir wichtig zu sein ... ... Dein Körper ist entspannt und auch deine Hände sind vollkommen ruhig ... ... Dein Körper hat verstanden, wie dein Anker funktioniert ... ... Er hat es für dich bereits gespeichert, sodass du ihn immer wieder nutzen kannst ... ...

... ... Immer, wenn du deinen Handballen drückst, gehst du sofort in den Zustand innerer Ruhe und spürst das Bedürfnis, achtsam mit dir selbst umzugehen ... ... dich selbst ernst zu nehmen ... ... dir wichtig zu sein ... ... So wird es für dich schon bald zur Selbstverständlichkeit, immer wieder deinen Handballen zu drücken oder ihn zu massieren, das funktioniert genau so ... ... ganz genau so wie jetzt ... ... Du hast entschieden ... ... Du hast gehandelt ... ...

Dehypnose 1 (Übergang zur Ausleitung)

... ... Nun bereitest du dich auf das Ende der Sitzung vor ... ... Für heute geht deine Trance zu Ende. Es ist an der Zeit, zurückzukehren hier in diesen Raum in wenigen Augenblicken wieder wach zu sein ... ... Im Zustand der Entspannung haben wir nicht immer Konzentration für unsere Sinne, obwohl sie viel besser funktionieren als im wachen Zustand. Im wachen Zustand benutzen wir die Sinne nur gezielter ... ...

Dehypnose 2 (Ausleitung)

... ... Du achtest also zunächst einmal auf dein Gehör ... ... Dann wirst du schon spüren, dass die Geräusche der Umgebung deutlicher werden ... ... Du kannst dich mit deinen Ohren orientieren und ganz genau alle Geräusche aufnehmen, die hier in diesem Raum sind ... ... Es ist so, als könntest du dein Gehör lauter drehen und dabei wach werden ... ... Als nächstes achtest du einmal auf deinen Tastsinn ... ... Du kannst deine Umgebung über den Körper spüren ... ... Dann fühlst du zum Beispiel die Unterlage unter deinem Körper ... ... Du kannst auch mit den Händen danach greifen und die Unterlage spüren ... ... Auch dieser Sinn funktioniert hervorragend und du wirst dabei wach ... ... Dann kannst du dich auf den Sehsinn konzentrieren ... ... Vielleicht kannst du schon mit geschlossenen Augen etwas Licht erkennen, das durch deine Augenlider hindurch scheint ... ... Um diesen Sinn noch zu verstärken, kannst du die Augen nun langsam öffnen ... ... Du kannst deine Umgebung wieder sehen und bist wach ... ...

Hypnose 4

Pflichten loslassen

Hypnose mit Ankertechnik

Die folgende Hypnosesitzung arbeitet mit einem olfaktorischen Anker (Geruchsanker). Als Anker bezeichnet man einen Auslöser, der ein bestimmtes Gefühl herstellen oder einen bestimmten Gedanken wecken soll. Wir wollen dem Klienten helfen, sich mit Hilfe eines speziellen Geruchs zu entspannen und innerlich loszulassen. Wir besprechen das vor der Sitzung mit dem Klienten und halten ein Fläschchen mit einem Duft bereit. Das kann ein Riechöl oder ein Aromaspray sein, das der Klient aber erst in Trance riechen soll. Während der Hypnosesitzung richten wir den Anker dann ein, indem wir den Geruch präsentieren und ihn suggestiv mit einer Assoziation verbinden. Der Geruch selbst sollte nicht zu aufdringlich sein, muss aber vom Klienten nicht als besonders angenehm empfunden werden. Es kommt auf die suggestive Verknüpfung an. Allerdings sollte er auch nicht als abstoßend erlebt werden. Bei milden Aromaölen sollte das kaum der Fall sein.

Einleitung (Induktion)

... ... Mach es dir jetzt bequem ... ... Finde die Position, die sich am besten anfühlt, um nun in Trance zu gehen ... ... Nimm dir die Wolldecke, um es dir noch gemütlicher zu machen ... ... Kuschel dich darin ein, wenn du willst, vielleicht magst du auch lieber ohne Wolldecke in

Trance gehen ... ... Mach es so, wie es sich am besten anfühlt ... ... Schließ deine Augen ... ...
... ... Jetzt lass deine Atmung ruhig werden, um noch tiefer zu entspannen ... ... Schritt für Schritt ... ... in deiner Geschwindigkeit ... ... in deinem Tempo ... ... wird es ruhiger und ruhiger in dir ... ... mit jeder Sekunde entspannst du ein bisschen tiefer ... ...
... ... Stell dich einfach auf die schönste und tiefste Entspannung ein, die du dir vorstellen kannst ... ... Stell dir mit geschlossenen Augen noch einmal vor, wie du das gerade gemacht hast ... ... Zuerst hast du die beste Position gefunden, um in Trance zu gehen und bist dabei schon ruhiger geworden ... ... dann hast du die Wolldecke genutzt, um es dir noch gemütlicher zu machen und hast dich dabei tiefer entspannt ... ... Mit dem Schließen deiner Augen bist du dann noch ruhiger geworden ... ... Mit deiner Atmung konntest du schließlich noch tiefer in Trance gehen ... ...Nun läuft alles von selbst ... ... Deine Entspannung geht mit jedem Atemzug tiefer ... ...

Vertiefung der Trance

... ... Innerlich darfst du dich jetzt fühlen wie eine Feder im Wind ... ... Du lässt dich einfach treiben und folgst deinem Gefühl, ohne zu lenken ... ... Du lässt dich einfach vom Klang meiner Stimme treiben wie eine Feder im Wind ... ... Jedes Wort, das ich sage, ist wie ein kleiner Windhauch, der dich sanft trägt und federleicht macht ... ... Meine Worte machen dich leicht in deinen Gedanken, denn jetzt ist gar nichts wichtig ... ... Meine Worte machen dich leicht in deinem Gefühl, denn jetzt darfst du einfach hier sein, ohne Verpflichtung, ohne etwas leisten zu müssen ... ... Meine Worte machen dich leicht in deinem Vertrauen, denn du bist jetzt vollkommen sicher und getragen ... ... wie eine Feder im Wind, die leichter ist als alles andere ... ...
... ... Meine Stimme ist wie ein fliegender Teppich, auf dem du dich ausruhen kannst ... ... Ich führe dich in eine tiefe Entspannung, federleicht

… … Alles andere um dich herum verschwimmt … … Du hörst nur meine Stimme … … nur noch meine Stimme … …

Veränderungsbereitschaft fördern (Compliance)

… … Wir arbeiten heute mit einem Anker, darüber haben wir schon gesprochen … … Vielleicht fragst du dich ja schon, wie schnell dieser Anker wirken wird … … wie rasch es gehen mag, dass der Geruch, den du bald kennen lernst, dir beim Erreichen deiner Ziele hilft … …

Hauptteil

… … Innere Leichtigkeit ist dein Ziel … … Du hast dir ganz fest vorgenommen, nun endlich loszulassen … … die Pflichten loszulassen, die auch andere übernehmen können … … endlich loslassen … … und für dich ist es die beste Entscheidung, die du treffen konntest … … Es ist an der Zeit, nun mehr Freiraum für dich selbst zu finden und gelassener deinen Alltag zu erleben … … Schon lange hattest du den Wunsch, weniger zu arbeiten … … weniger zu erledigen … … weniger Verantwortung zu tragen … … Nun soll es endlich Wahrheit werden und Wahrheit bleiben … … Du lässt heute los … …

… … Genau genommen hast du schon damit begonnen, denn du gönnst dir genau jetzt eine Zeit nur für dich selbst … … Aufmerksamkeit nur für dich selbst … … Freiheit nur für dich selbst … … Also hast du in diesem Augenblick deine Pflichten losgelassen … … vor allem das schlechte Gewissen, das so oft mit Pflichten verbunden war, weil du dachtest, dass du alles selbst machen musst … … Heute ist es anders … … Heute ist der erste Tag in deinem neuen Leben … … in einem Leben, in dem es dir gelingt, loszulassen … … Das Gute besteht darin, dass es viel leichter ist loszulassen als du früher dachtest … … Du erlebst es in genau diesem Moment … … Du spürst, wie schön es ist, loszulassen … … dich einfach einmal treiben zu lassen … … und du weißt, dass du damit Ruhe findest … … Ruhe, die es dir ermöglicht, wieder nach vorne zu gehen und

Pflichten zu übernehmen, wenn der richtige Zeitpunkt gekommen ist ... ... Wirklich hervorragend, wie gut es dir gelingt, jetzt alle Pflichten einmal loszulassen ... ... Verantwortung ruhen zu lassen und einfach eine schöne Auszeit zu nehmen ... ... vielleicht für einige Minuten oder für eine Stunde ... ... So einfach kann es sein ... ... Und noch viel mehr kannst du loslassen, denn jetzt bist nur du wichtig ... ... Jetzt hast du nur eine einzige Pflicht ... ... eine ganz besondere Pflicht, die immer da ist ... ... die wichtiger ist als alles andere ... ... Du hast diese besondere Pflicht ... ... Du hast die Pflicht, dich um deine Gesundheit zu kümmern, indem du loslässt ... ... immer wieder loslässt ... ...

... ... Gerade hast du dich darauf eingestellt möglichst viele Pflichten loszulassen ... ... Doch diese eine bleibt ... ... Sie steht fest ... ... die Pflicht, dich gut um dich selbst zu kümmern, um gesund zu bleiben und Gesundheit immer wieder herzustellen ... ... zu festigen ... ... abzusichern ... ... Das ist die wichtigste Pflicht ... ... Und du weißt genau, wie du das zu machen hast ... ... was du tun musst ... ... Loslassen und Auszeit nehmen ... ... so oft wie möglich ... ... Loslassen und Auszeit nehmen ... ... so oft es geht ... ... Und es geht sehr oft ... ... Das machst du dir ganz klar ... ... Du weißt es ja längst ... ... Du weißt, dass es so sein muss ... ...

... ... Vielleicht fragst du dich, wie es dir am schnellsten und am besten gelingt, sofort ruhig zu werden und loszulassen ... ... Pflichten loslassen ... ... Ärger loslassen ... ... Groll loslassen ... ... Wut loslassen ... ... Verbitterung loslassen ... ... Verletztsein loslassen ... ... Rachegedanken loslassen ... ... Loslassen, was auch immer dich belastet ... ...

... ... Es ist einfacher als du dachtest ... ... Du spürst jetzt diese Entspannung ... ... und wenn du denkst, es sollte noch angenehmer werden ... ... konzentriere dich einfach noch intensiver auf dieses schöne und angenehme Gefühl der Ruhe und Gelassenheit ... ... Entspanne dich noch tiefer und lass noch mehr los in diesem Augenblick ... ...

... ... Fühle die Ruhe und die Freiheit ... ... Loslassen bringt Freiheit ... ... Spüre diese Freiheit jetzt so intensiv wie möglich ... ... Fühle die Freiheit in dir ... ... Atme tief ein und spüre, wie dein Brustkorb sich weitet ... ... So gut fühlt sich innere Freiheit an ... ... So gut fühlt sich Loslassen an ... ... genau so frei wie jetzt ... ... genau so frei wie jetzt ... ... Und wenn du willst, wird es noch ruhiger in dir und du spürst, wie viel du tatsächlich losgelassen hast ... ... Du kannst es genau fühlen ... ... Du hast jetzt alle Pflichten losgelassen und kümmerst dich jetzt in diesem Moment nur um dich selbst ... ... nur um dich selbst ... ...

Festigung (Geruchsanker)

... ... Du kannst es absichern ... ... Du kannst dafür sorgen, dass dir das auch ein deinem wachen Alltag gelingt ... ... so wie jetzt ... ... jeden Tag genau so wie jetzt ... ... Es ist ganz einfach ... ... Du kannst jeden Tag in dieses Gefühl des Loslassens gehen und dann noch viel schneller alle Gedanken und Sorgen loslassen ... ... alle Pflichten loslassen ... ... Loslassen, was auch immer dich bedrückt ... ...

... ... *[Das Fläschchen mit dem Aroma öffnen und zur Nase des Klienten hin bewegen; dort halten]* ... ... Atme nun ganz tief ein und nimm den Geruch, den du wahrnimmst, ganz bewusst wahr ... ... ein angenehmer Geruch ... ... gleichzeitig spürst du die Freiheit des Loslassens in deinem Gefühl ... ... Dein gutes Gefühl und dieser Geruch, den du wahrnimmst, verbinden sich nun miteinander ... ... Sie gehören zusammen ... ... Dieser Geruch und das Gefühl der Freiheit gehören ganz eng zusammen ... ...

... ... Und immer, wenn du diesen Geruch riechst, fühlst du Ruhe und Freiheit tief in dir ... ... Immer, wenn du genau diesen Geruch wahrnimmst, spürst du das Gefühl der Ruhe und Freiheit in dir ganz deutlich ... ... Selbst dann, wenn du nur an den Geruch denkst, kannst du schon Ruhe und Freiheit spüren ... ... Dein Unterbewusstsein prägt sich diesen Geruch ein und verbindet ihn mit Ruhe und Freiheit ... ... *[Das Fläschchen nun wegnehmen und verschließen]* ... ...

... ... Atme ruhig weiter und genieße die Ruhe ... ... Schenke dir selbst nun Achtsamkeit und Aufmerksamkeit und vertraue deinem Unterbewusstsein, dass dich dabei unterstützt, immer wieder ganz schnell in diesen Zustand zu gelangen, indem du einfach an dem Fläschchen mit dem Duft riechst, den ich dir gerade präsentiert habe ... ... Du kannst es sogar testen ... ... Sobald du den Geruch wahrnimmst, spürst du Ruhe ... ... *[Fläschchen noch einmal öffnen und an die Nase des Klienten halten, sodass er den Geruch deutlich wahrnehmen kann; kurz dort halten und wieder verschließen]* ... ... Das fühlt sich gut an ... ... sehr, sehr gut ... ...

Dehypnose 1 (Übergang zur Ausleitung)

... ... Du hast nun alles gelernt, was du wissen musst, um immer wieder deine Auszeit zu finden und dich frei zu fühlen, indem du einfach loslässt ... ... Nun ist es Zeit, alle Gedanken auszublenden und wieder zurückzukehren, um wieder ganz im Hier und Jetzt zu sein. Du stellst dich also darauf ein, wieder wach zu werden. In wenigen Augenblicken wieder ganz hier zu sein, hier in diesem Raum, vollkommen wach und gut erholt ... ...

Dehypnose 2 (Ausleitung)

... ... Dein Körper wird nun Schritt für Schritt wieder wach ... ... Von unten nach oben wirst Du wacher ... ... Das Aufwachen beginnt bei den Füßen ... ... Deine Füße wachen auf ... ... Vielleicht spürst du sie schon wieder etwas deutlicher ... ... Dann wachen deine Beine auf, zuerst die Unterschenkel und dann die Oberschenkel ... ... Anschließend kann dein Bauch aufwachen, auch dein Rücken wacht auf. Du spürst die Unterlage unter deinem Körper ... ... Dein Oberkörper mit wacher und wacher ... ... Auch deine Arme wachen auf ... ... Du spürst schon wieder den Drang, sich zu bewegen ... ... Wenn du willst, kannst Du deine Arme und Beine schon bewegen, dich recken und strecken ... ... Schließlich wacht dein Kopf auf ... ... Deine Gedanken werden klarer und du möchtest die Augen öffnen ... ... Du kommst zurück und bist wach ... ...

Hypnose 5

Seifenblasen gegen Burnout

Kreative Assoziation

Der folgende Hypnosetext arbeitet im Hauptteil (Anwendungsteil, Therapieteil) mit kreativer Assoziation. Das bedeutet, dass eine Szene oder ein Bild ausgewählt wird, das als Symbol für die zu behandelnde Thematik verstanden wird und so als Stellvertreter für das Problem steht. Die Veränderung und Neuausrichtung der Szene oder des Bildes führt dann in einem zweiten Schritt zur Veränderung der Problemsicht und Öffnung für neue Wege. Hier sind Suggestionsregeln weniger von Bedeutung als Vorstellungskraft und innere Kreativität des Klienten. Die Bilder werden daher teilweise mit vielen Details angeboten, andererseits auch vieles bewusst offen gelassen. Es handelt sich bei dieser Vorgehensweise um eine kooperative Art der Hypnose, die auf innere Selbstentfaltung im Zustand der Trance vertraut und daher viel weniger führt als eine Suggestionshypnose.

Einleitung (Induktion)

... ... Schau mit geöffneten Augen zur Decke ... ... Lass die Augen etwas hin und her wandern und nimm das Licht hier in diesem Raum bewusst wahr ... ... Mach dir die Farbe des Lichtes bewusst ... ... Spüre die Intensität ... ... Stell dir vor, dass dein Inneres wie das Licht in diesem Raum ist ... ... je heller desto wacher ... ... und würde jemand das Licht dunkler werden lassen, so würdest du müder werden und ruhiger ... ...

Sobald es also dunkler wird, spürst du Ruhe in dir, die immer tiefer geht ... ... Schließ also die Augen und mach damit das Licht aus ... ... *[Falls die Augen nicht geschlossen werden, noch einmal auffordern]* ... ... Nun wird es schon dunkler und du kannst die Ruhe spüren ... ... vielleicht schon ganz deutlich ... ... und wenn ich gleich sage „Augen auf", dann öffnest du die Augen langsam und nimmst das Licht wieder auf ... ... „Augen auf" ... ... Nimm das Licht wahr und schließ die Augen nun wieder ... ... Es wird wieder dunkler und du wirst dabei noch müder ... ... Noch einmal: „Augen auf" ... ... und „Augen zu" ... ... „Augen auf" ... ... und „Augen zu" ... ... So machst du das Licht immer wieder an und aus ... ... und immer, wenn du die Augen schließt und das Licht damit aus machst, wird dein Wunsch nach Ruhe größer ... ... mit jedem Schließen der Augen wirst du müder und müder ... ... „Augen auf" ... ... „Augen zu" ... ... „Augen auf" ... ... Es wird immer schwerer und schwerer ... ... „Augen zu" ... ... Du wirst müder ... ... immer müder und müder ... ... „Augen auf" ... ... „Augen zu" ... ... Erlaube dir die Müdigkeit und innere Ruhe ... ...Lass die Müdigkeit einfach zu und folge ihr ... ... Du darfst jetzt immer müder werden ... ... immer müder ... ...

Vertiefung der Trance

... ... Stell dir einmal vor, du siehst eine Sanduhr ... ... Die Sanduhr ist mit weißem Sand gefüllt ... ... und der Hintergrund ist schwarz ... ... Der Sand befindet sich in der oberen Hälfte der Sanduhr ... ... Und langsam ... ... ganz langsam ... ... beginnt der Sand zu rieseln ... ... Dieser weiße ... ... feine Sand ... ... rieselt ganz langsam von oben nach unten ... ... von der oberen Hälfte der Sanduhr ganz langsam in die untere Hälfte der Sanduhr ... ... Ein ganz feiner ... ... weißer Sand ... ... rieselt durch diese Sanduhr ... ...Und du schaust es dir an ... ... Dein Blick dreht sich dabei nach innen ... ... immer weiter nach innen ... ... Und mit jedem Sandkörnchen, das langsam von oben nach unten fällt ... ... entspannst du dich ein bisschen tiefer ... ... Mit jedem Sandkörnchen kannst du etwas loslassen … … mit jedem einzelnen Sandkörnchen … … Schau immer auf diese Sanduhr … … Feiner, weißer Sand vor einem schwarzen Hintergrund … … Er rieselt und rieselt … … und rieselt … … Ganz leise und ganz sanft … … rieselt der Sand durch die Sanduhr … … von oben nach unten … … Und immer mehr von dem feinen, weißen Sand sammelt sich am Boden der Sanduhr … … Alles rieselt von oben nach unten … … und dein Blick dreht sich immer weiter nach innen … …

Veränderungsbereitschaft fördern (Compliance)

... ... Je deutlicher du dir den Sand vorstellen kannst, umso leichter gelingt es dir, heute einen besonderen Schritt zu gehen ... ... einen Schritt der Befreiung und Neuausrichtung ... ... Stell dir den Sand also vor ... ...

Hauptteil

... ... Du kennst die Schwierigkeiten, die du bis heute hattest. Du kennst auch deine Ziele ... ... Du weißt, was du erreichen willst ... ... Du willst wieder eine gute Stimmung finden ... ... willst wieder lachen können ... ... willst wieder Kraft spüren und Hoffnung ... ... Du willst leben ... ...
... ... Dazu ist es erforderlich, dass du deine Gedanken und Gefühle veränderst ... ... Wenn du einmal darüber nachdenkst, verstehst du, dass deine Schwierigkeiten vor allem das Ergebnis störender Gedanken und Gefühle waren ... ... Du möchtest also diese störenden Gedanken und Gefühle loslassen ... ... Vielleicht bist du ja schon gespannt darauf, wie das funktioniert ... ... Du stellst dir einmal vor, dass jeder einzelne Gedanke ein kleines farbiges Kügelchen ist, das sich in deinem Kopf befindet ... ... Auch alle Gefühle befinden sich als kleine Kügelchen in deinem Kopf ... ... Du musst also nur die störenden Gedanken und Gefühle auffinden, um sie loszulassen ... ... Du erkennst sie an ihrer Farbe ... ... Deine Atmung hilft dir dabei ... ...

... ... Betrachten wir doch beispielsweise einmal deine gedrückte Stimmung ... ... deine Müdigkeit und Schwere ... ... deine innere Depression ... ... So kannst du dir vorstellen, dass alle Gedanken und alle Gefühle die zu deiner gedrückten Stimmung gehören, die Farbe Blau tragen ... ... In deinem Kopf gibt es also ganz viele kleine blaue Kugeln, die du loslassen kannst ... ... Das machst du über die Atmung ... ... Du atmest ein und die Atemluft durchströmt deinen Kopf ... ... Du siehst es vor deinem inneren Auge ... ... Die Atemluft sammelt alle blauen Gedanken und Gefühle ein und trägt sie mit sich ... ... Und du atmest sie aus ... ... Als Seifenblasen kommen sie aus deiner Nase und schweben durch den Raum ... ... Lauter blaue Seifenblasen ... ... Und eine nach der anderen löst sich auf ... ... Sie zerplatzen einfach ... ... Und du machst weiter ... ... Du atmest ein und sammelst alle blauen Gedanken und Gefühle ein ... ... Als Seifenblasen atmest du sie aus ... ... Sie schweben durch den Raum und lösen sich auf ... ... Das wiederholst du mit jedem Atemzug. Deine niedergedrückte Stimmung löst sich immer mehr auf ... ...

... ... Dein tiefes Inneres lässt inzwischen neue Gedanken entstehen ... ... Du spürst dabei das Gefühl der Hoffnung ... ... Das geht wie von selbst. Du atmest einfach weiter und beobachtest die blauen Seifenblasen, die sich auflösen ... ... und Hoffnung entsteht ... ...

... ... Betrachten wir nun deine Schuldgefühle ... ... denn oft schon hast du dich selbst angeklagt ... ... vielleicht denkst du sogar jetzt, dass du etwas falsch gemacht hast oder Schuld auf dich geladen hast ... ... Alle Gedanken und Gefühle die mit Schuldgefühlen verbunden sind, haben die Farbe gelb ... ... In deinem Kopf gibt es also ganz viele gelbe Kugeln, die du loslassen kannst ... ... Du atmest ein und sammelst alle gelben Gedanken und Gefühle ein ... ... Und du atmest sie aus ... ... Als Seifenblasen kommen sie aus deiner Nase und schweben durch den Raum ... ... Lauter gelbe Seifenblasen ... ... Und eine nach der anderen löst sich auf ... ... Sie zerplatzen einfach ... ... Und du machst weiter ... ... Du atmest ein und sammelst alle gelben Gedanken und Gefühle ein ... ... Als

Seifenblasen atmest du sie aus ... ... Sie schweben durch den Raum und lösen sich auf ... ... Das wiederholst du mit jedem Atemzug ... ...
... ... Dein tiefes Inneres lässt schon wieder neue Gedanken entstehen. Du wirst dabei frei und erkennst, dass du unschuldig bist ... ... Das geht wie von selbst ... ... Du atmest einfach weiter und beobachtest die gelben Seifenblasen, die sich auflösen ... ... Du bist unschuldig ... ... Du bist unschuldig ... ...
... ... Als nächstes geht es um deinen Perfektionismus ... ... Du weißt, wie das ist ... ... Du hast so oft versucht alles besonders gut zu erfüllen ... ... alles immer besser zu machen und keine Versäumnisse zu haben ... ... Alle Gedanken und Gefühle die sich mit Perfektionismus beschäftigen oder zu Perfektionismus führen, sind rot ... ... In deinem Kopf gibt es also ganz viele rote Kugeln, die du loslassen kannst ... ... Du atmest ein und sammelst alle roten Gedanken und Gefühle ein ... ... Und du atmest sie aus ... ... Als Seifenblasen kommen sie aus deiner Nase und schweben durch den Raum ... ... Lauter rote Seifenblasen ... ... Und eine nach der anderen löst sich auf ... ... Sie zerplatzen einfach ... ... Und du machst weiter ... ... Du atmest ein und sammelst alle roten Gedanken und Gefühle ein ... ... Als Seifenblasen atmest du sie aus ... ... Sie schweben durch den Raum und lösen sich auf ... ... Das wiederholst du mit jedem Atemzug ... ...
... ... Dein tiefes Inneres lässt schon wieder neue Gedanken entstehen. An die Stelle des Perfektionismus tritt Gelassenheit und Rücksichtnahme auf dich selbst ... ... Das geht wie von selbst ... ... Du atmest einfach weiter und beobachtest die roten Seifenblasen, die sich auflösen ... ... Gelassenheit und Rücksicht werden stärker ... ... Gelassenheit und Rücksicht werden stärker ... ...

Festigung (Ankertechnik)

... ... Dein tiefes Inneres prägt sich alles ein ... ... Tief in dir weißt du, dass du tatsächlich alle störenden Gedanken und Gefühle ausatmen kannst, heute und an jedem Tag in deinem Leben... ... Du weißt auch, dass alles, was du loslässt, durch neue, helfende, konstruktive Gedanken ersetzt wird ... ... Heute kannst du es spüren ... ... Also kannst du es auch an jedem anderen Tag in deinem Leben spüren ... ... Wann immer du willst, schließt du einfach kurz deine Augen und atmest alles Störende als farbiges Seifenblasen aus ... ... Genau wie heute zerplatzen sie und lösen sich auf ... ... genau wie heute ... ... Und du spürst neue Kraft ... ...

Dehypnose 1 (Übergang zur Ausleitung)

... ... Nun ist es Zeit, alle inneren Bilder auszublenden und wieder zurückzukehren, um wieder ganz im Hier und Jetzt zu sein. Du stellst dich also darauf ein, wieder wach zu werden. In wenigen Augenblicken wieder ganz hier zu sein, hier in diesem Raum, vollkommen wach und gut erholt ... ...

Dehypnose 2 (Ausleitung)

... ... Und schon kommt das Leben zurück in deinen Körper ... ... in die Füße ... ... in die Beine ... ... in den Bauch ... ... Du atmest tief ein, dabei kommt das Leben auch zurück in deinen Oberkörper ... ... in die Arme ... ... und in den Kopf ... ... Du atmest noch einmal tief ein und verspürst schon wieder den Drang, dich zu bewegen ... ... Du reckst dich und streckst dich ... ... Du bewegst die Arme und Beine und wirst wieder wach ... ... Noch einmal atmest du tief ein und öffnest die Augen ... ... Du bist wieder wach ... ...

Hypnose 6

Zeitreise

Kreative Assoziation

Der folgende Hypnosetext arbeitet im Hauptteil (Anwendungsteil, Therapieteil) mit kreativer Assoziation. Das bedeutet, dass eine Szene oder ein Bild ausgewählt wird, das als Symbol für die zu behandelnde Thematik verstanden wird und so als Stellvertreter für das Problem steht. Die Veränderung und Neuausrichtung der Szene oder des Bildes führt dann in einem zweiten Schritt zur Veränderung der Problemsicht und Öffnung für neue Wege. Hier sind Suggestionsregeln weniger von Bedeutung als Vorstellungskraft und innere Kreativität des Klienten. Die Bilder werden daher teilweise mit vielen Details angeboten, andererseits auch vieles bewusst offen gelassen. Es handelt sich bei dieser Vorgehensweise um eine kooperative Art der Hypnose, die auf innere Selbstentfaltung im Zustand der Trance vertraut und daher viel weniger führt.

Einleitung (Induktion)

... ... Mach die Augen zu und atme tief ein und langsam und lange aus ... ... noch einmal tief einatmen ... ... und langsam und lange ausatmen ... ... genau so ... ... Lass deine Atmung ruhiger werden und stell dich auf eine innere Entspannung ein ... ... genau so ... ... Du machst es richtig ... ... Nun spüre deinen Körper und achte darauf, welcher Teil deines Körpers am besten zu fühlen ist ... ... vielleicht spürst du die Arme am besten oder deine Beine ... ... vielleicht auch den Rücken oder den Bauch ...

... oder aber eine vollkommen andere Stelle ... ... Lenke nun deine Aufmerksamkeit zu deinem linken Arm und lass ihn ganz bewusst werden ... ... nimm deinen linken Arm ganz deutlich wahr ... ... ganz intensiv ... ... genau so ... ... noch intensiver ... ... genau so ... ... und nun nimm deinen rechten Arm wahr ... ... lenke deine Aufmerksamkeit zu deinem rechten Arm und mach dir das Gefühl deines rechten Armes bewusst ... ... Dann spüre beide Arme deutlich ... ... ganz deutlich und alles andere wird unwichtig ... ... Nur noch deine Arme sind jetzt wichtig ... ...
... ... Je deutlicher du beide Arme gleichzeitig spüren kannst, umso tiefer gehst du auch in den Zustand der inneren Ruhe ... ... Es ist ganz leicht ... ... es geht wie von selbst ... ... immer tiefer versinkst du in der inneren Ruhe ... ... Schritt für Schritt ... ... Du kannst deine Arme deutlich fühlen und wirst dabei vollkommen ruhig ... ...

Vertiefung der Trance

... ... Vielleicht fühlst du dich bereits recht angenehm entspannt ... ... Vielleicht aber möchtest du auch noch tiefer entspannen ... ... Das ist ganz einfach ... ... Du selbst kannst deine Entspannung vertiefen ... ... Das geht beispielsweise über die Atmung und über deine Vorstellungskraft ... ... Wenn du einmal auf deine Atmung achtest, dann kannst du auch spüren, dass mit jedem Atemzug ganz bestimmte Wahrnehmungen verbunden sind ... ... Achte einmal auf das Einatmen ... ... Genau in diesem Moment spürst du, dass du etwas leichter wirst ... ... Das ist ganz normal, denn dein Oberkörper wird dabei etwas angehoben ... ... Die Schultern werden ganz leicht mit nach oben gezogen ... ... Umgekehrt ist es beim Ausatmen so, dass du etwas nach unten sinkst ... ... wenn Du dich darauf konzentrierst ... ... Und nun achte auf beides gleichzeitig ... ... Atme ein und aus ... ... *[immer im Rhythmus des Klienten, wobei das Wort „aus" etwas länger gezogen wird als die tatsächliche Atmung]* ... ... ein und aus ... ... ein und aus ... ... ein und aus ... ... Vielleicht ist dir schon einmal aufgefallen, dass das Ausatmen etwas länger dauert als das Einatmen … … In deiner kreativen Vorstellungskraft kannst du dir dabei vorstellen, dass Du immer beim Einatmen etwas nach oben angehoben wirst und beim Ausatmen viel tiefer nach unten sinkst … … ein Stückchen nach oben … … ganz tief nach unten … … *[immer im Rhythmus des Klienten, wobei „nach oben“ beim Einatmen und „nach unten“ beim Ausatmen gesagt wird]* … … ein Stückchen nach oben … … ganz tief nach unten … … und tiefer … … und tiefer … …

Veränderungsbereitschaft fördern (Compliance)

... ... Du kannst dieses Körpergefühl spüren ... ... dieses Einsinken ... ... du fühlst es genau so ... ... Das zeigt dir, wie deine Vorstellungskraft Wahrheiten schafft ... ... Fantasie und Wirklichkeit sind gleich ... ...

Hauptteil

... ...Du bist heute hier, um etwas zu verändern. Du kennst die Schwierigkeiten, die du schon so oft hattest ... ... Und schon oft hast du dich gefragt, wie du das früher gemacht hast ... ... Denn es gab einmal eine Zeit, als alles noch anders war ... ... Vielleicht ist es lange her, doch du warst früher ausgeglichen und fröhlich ... ... hast deine Arbeit mit Freude gemacht und auch schöne Freizeit verbracht ... ... Du weißt also, dass du dich von innen heraus verändern kannst ... ... Du machst dir klar, dass du all das, was du zu dieser Veränderung brauchst, bereits hast ... ... Denn es gab diese Zeit, als es genauso war, wie du es auch heute haben willst ... ... Wenn du nun also zurückgehen könntest in diese Zeit, um dich selbst dort zu besuchen um dann von dir selbst zu lernen, dann kann es sogar einfach sein, diesen Zustand noch einmal in dir zu wecken ... ... Du kannst so sein wie früher ... ... Zunächst einmal werde ich dir dabei helfen, in diese Zeit zu gehen, damit du dort dich selbst erleben kannst ... ... Damit du dich selbst dort abholen kannst ... ...

... ... Stell dir einmal vor, du stehst in einem endlos langen Flur ... ... In diesem Flur hängen lauter Spiegel an der Wand ... ... Jeder einzelne

Spiegel so hoch, dass du dich ganz darin sehen kannst ... ... Du stehst vor dem äußerst rechten Spiegel und schaust hinein ... ... Du siehst dein Spiegelbild ... ... Du betrachtest dich selbst oder das, was aus dir geworden ist ... ... Vielleicht gefällt dir nicht, was du siehst oder wen du siehst ... ... Doch das bist du ... ... müde geworden und langsam ... ... Doch genau diese Langsamkeit nutzen wir heute, um alles einmal in Ruhe zu erledigen ... ... in aller Ruhe ... ... in deiner Geschwindigkeit ... ... in deinem Tempo ... ...Dann gehst du langsam nach links, Schritt für Schritt, Spiegel für Spiegel ... ... Jeder Spiegel steht für ein Jahr ... ... Du siehst also schon in dem zweiten Spiegel, dass du etwas jünger bist ... ... Du siehst dich selbst vor einem Jahr in diesem Spiegel ... ... Dann gehst du weiter und weiter ... ... Mit jedem Spiegel wirst du etwas jünger ... ... Vielleicht verändert sich deine Frisur immer mehr ... ... Vielleicht die Farbe deiner Haare und auch deine Gesichtszüge werden langsam jünger ... ... So gehst du mit jedem Spiegel um ein Jahr zurück und kommst immer mehr in deine Vergangenheit hinein ... ... Vielleicht verändert sich auch dein Körper ... ... Vielleicht warst du ja früher einmal etwas dicker oder auch dünner ... ... Wenn Du ganz weit zurückgehst, wirst du vielleicht auch kleiner ... ...

... ... Und schon bald hast du die richtige Zeit erreicht ... ... Du siehst sie schon näher kommen ... ... Diese Zeit, als es dir noch besser ging ... ... Vielleicht bist du ein gutes Stück jünger als heute ... ... Vielleicht bist du sogar kleiner, weil du ein Kind bist ... ... Manchmal lohnt es sich, in eine sehr weit entfernte Zeit zurückzugehen, um die eigene Kraft zu finden ... ... Du kommst also bei dem richtigen Spiegel an und siehst dich darin. Du erkennst dich natürlich ... ... Du siehst aber anders aus ... ... Du hast andere Gefühle, andere Gedanken, andere Fähigkeiten ... ... Dieser Spiegel ist ein ganz besonderer Spiegel ... ... Du kannst nicht nur hinein sehen ... ... Du kannst hineingehen und damit eine Welt betreten, die in deiner Vergangenheit einmal sehr wichtig war ... ... Geh also hinein ... ... Erinnere dich an diese Zeit ... ... Lass sie noch einmal erwachen ... ...

Begegne dir selbst und spüre, dass du einmal ausgeglichen und fröhlich warst, weil du deine Grenzen respektiert hast und wusstest, wann du Pause brauchst ... ... wann du eine Auszeit brauchst ... ... Damals waren auch noch ganz andere Dinge wichtig, die in den letzten Jahren scheinbar verloren gingen ... ... Damals war alles noch in Ordnung ... ... und an genau diesem Punkt stehst du jetzt tief in dir ... ... Dort ist immer noch alles in Ordnung ... ... Schau dir an, wie dein jüngeres Ich denkt, wie es fühlt, wie es handelt ... ... Selbst, wenn du dich als Kind sehen solltest ... ... Das Kind geht ganz anders mit deinen Schwierigkeiten um ... ... natürlicher ... ... selbstverständlicher ... ...

... ... All das spürst du auch in dir noch einmal ... ... Immerhin bist du es, den du da beobachtest ... ... Du machst dir noch einmal klar, dass du gerade von dir selbst lernst, wie du sein kannst ... ... Wie du schon einmal warst ... ... Wie du tief im Innern immer noch bist ... ... Und wie du immer sein kannst ... ... Du bist fröhlich und ungezwungen ... ...

... ... Du stehst neben dir selbst, in einer früheren Zeit, die du hier und heute, genau jetzt, wieder aufleben lässt ... ... Vielleicht spürst du schon diese Kraft ... ... diese Energie ... ... die Magie der Veränderung ... ...

... ... Du bist in deiner eigenen Vergangenheit ... ... Du spürst, dass alles anders ist, hier in der Vergangenheit ... ... Alles ist besser ... ... So wie du es willst ... ... Doch für dich ist es Gegenwart ... ... Denn du bist ja hier ... ... Du siehst dich selbst als jüngere Person, in der Zeit, in der du dich jetzt befindest ... ... Du stellst dir vor, wie diese jüngere Person jeden Tag deines Lebens gestalten kann ... ... Du selbst bist diese jüngere Person ... ... Du selbst kannst all das ... ... Du prägst es dir ein, um es auf dem Rückweg mitzunehmen ... ...Dann gehst du zurück ... ... Du gehst an den Spiegeln vorbei und kannst hineinsehen ... ... Mit jedem Spiegel wirst du wieder älter und vielleicht auch größer ... ... Dein Aussehen verändert sich ... ... Deine Haare, deine Gesichtszüge und auch deine Körperhaltung ändern sich, indem du wieder in die heutige Zeit zurückkommst ... ... Du bringst die guten und hilfreichen Eigenschaften und Fähigkeiten mit ... ... Du kannst mit allen Schwierigkeiten viel besser umgehen, je näher du der Gegenwart kommst ... ...

Festigung (Posthypnotischer Auftrag)

... ... Während du dich der Gegenwart näherst, machst du dir noch einmal klar, dass du jeden Tag die Fähigkeiten nutzen kannst, die du bei deinem jüngeren Ich abgeholt hast ... ... Immer, wenn du denkst, du kommst nicht weiter ... ... wenn du spürst, dass deine früheren Schwierigkeiten noch einmal zurückkommen könnten, macht sich dein Unterbewusstsein sofort auf den Weg in die Zeit deiner größten Fähigkeiten und holt dich dort ab ... ...

Dehypnose 1 (Übergang zur Ausleitung)

... ... Wir sind fast am Ende angekommen ... ... Es ist daher Zeit, nun langsam wieder hierher zurückzukehren ... ... in deiner Geschwindigkeit, in deinem Tempo wieder wach zu werden ... ... Lass alle inneren Bilder verblassen und stell dich darauf ein, wieder wach zu werden ... ...

Dehypnose 2 (Ausleitung)

... ... Mit der Atmung konntest du deine Trance vertiefen, also kannst du auch über die Atmung wieder wach werden ... ... Das ist ganz leicht ... ... Immer wenn du einatmest, wirst du etwas wacher ... ... Mit jedem Atemzug wirst du wacher und wacher ... ... Du atmest ein und dein Puls beschleunigt sich ... ... Das hilft dir, wach zu werden ... ... Du atmest ein und dein Kreislauf bleibt stabil ... ... Du spürst, dass es dir gut geht ... ... Du atmest ein und Leben kehrt in deinen Körper zurück ... ... Du atmest ein und möchtest dich bewegen ... ... Du atmest ein und deine Gedanken werden klarer ... ... Du atmest ein und wirst wacher ... ... Du atmest ein und kommst näher und näher ... ... Du atmest ein und hörst mich deutlicher ... ... Du atmest ein und öffnest die Augen ... ...

Hypnose 7

Signale der Heilung

Ideomotorik

Ideomotorik bezeichnet das Phänomen, dass unser Körper mit Bewegungen unseren Gefühle und Gedanken folgt. Im Alltag zeigt sich dieses Folgen als Körperhaltung, als Muskelspannung und Bewegungsmuster einer Person, die sich natürlich mit der Stimmungslage und den Gedanken verändern. In Trance können ideomotorische Signale genutzt werden, um Informationen zu erhalten, die der Klient nicht aktiv mitteilen kann. Das Unterbewusstsein kann beispielsweise mit einem vereinbarten Fingersignal Fragen beantworten. Natürlich können ideomotorische Reaktionen auch suggestiv eingesetzt werden, beispielsweise bei Armlevitationen und Katalepsien. Eine solche Vorgehensweise, die ich auch im folgenden Text anwende, stärkt das Vertrauen in die Hypnose und in die eigene Veränderungsfähigkeit und fördert damit die Therapie.

Einleitung (Induktion)

... ... Mach es dir bequem und leg deine Arme locker neben deinen Körper ... ... Leg die Handflächen auf die Unterlage und lass deine Hände so liegen ... ... *[Die Position der Hände ist wichtig für die spätere ideomotorische Phase im Hauptteil; möglicherweise muss die Handposition später noch einmal korrigiert werden, was die Trance keinesfalls stören wird. Sollte der Klient im Verlauf der Einleitung und Vertiefung die Hände unter die Decke legen oder seine Liegeposition verändern, ignorieren sie es bitte und korrigieren sie die Position erst unmittelbar vor der geplanten Ideomotorik, sonst müssen sie möglicherweise mehrmals korrigieren, was eher Unruhe produziert. Hat der Klient am Anfang die richtige Lage eingenommen, kann er später sehr einfach daran erinnert werden und sie schnell wieder finden] … …*

… … Du kannst mit geöffneten Augen die Zimmerdecke beobachten und gleichzeitig die sanfte Musik im Raum hören. Du fühlst den Kontakt deines Körpers zur Unterlage und kannst ein Gefühl für die Temperatur im Raum entwickeln. Gleichzeitig gehst du in eine angenehme innere Ruhe und Entspannung … … Schließ nun deine Augen und es wird damit etwas dunkler, doch du kannst immer noch ein Teil des Lichtes durch die geschlossenen Augen wahrnehmen. Meine Stimme verstehst du klar und deutlich. Dabei sinkst du immer tiefer in die innere Ruhe, du lässt es immer stiller in dir werden … …

… … Du spürst das Kopfkissen unter deinem Kopf, wenn du dich jetzt darauf konzentrierst, und auch die Wolldecke auf deinem Körper kannst du fühlen. Und du gleitest immer tiefer hinab, lässt alle Gedanken los und sinkst immer tiefer in diesen schönen ruhigen Zustand … …

… … Du kannst deinen eigenen Atemzug hören mit jedem Ein- und Ausatmen … … Ein Teil von dir entspannt sich immer tiefer … … mit jedem Ausatmen sinkst du tiefer und wirst immer ruhiger und gelassener … … Du erlaubst dir vollkommene Ruhe und Gelassenheit … …

… … So einfach ist es, in eine angenehme Trance zu gehen … … immer tiefer und tiefer … … Dein Körper weiß, wie das geht und geht immer tiefer hinab … … so kann es immer stiller werden in dir … … immer ruhiger und ruhiger … …

Vertiefung der Trance

… … Wenn ich jetzt sage, dass du dich auf deinen Kopf konzentrieren sollst, dann kannst du das Kissen unter dem Kopf genau spüren … … Vielleicht hast du es vor einer Minute gar nicht gespürt, weil du keine Aufmerksamkeit darauf gerichtet hattest … … Jetzt aber spürst du es genau … … Gleichzeitig spürst du, dass dein Kopf ruhig und bequem daliegt … … Was ist wohl mit deinem linken Arm? … … Kannst du den spüren? … … Natürlich kannst du das … … Wahrscheinlich ist es wieder so, dass du vor einer Minute nicht besonders auf deinen linken Arm geachtet hast … … Jetzt aber kannst du ihn genau spüren … … Du weißt genau, wie er sich an fühlt … … Ebenso kannst du nun die Aufmerksamkeit auf dein rechtes Bein lenken … … Du kannst es genau spüren … … Doch was ist mit deinem linken Arm und was ist mit deinem Kopf? … … Wahrscheinlich merkst du, dass du sehr schnell Aufmerksamkeit auf einen Körperteil richten kannst … … Dabei verlierst du dann automatisch die Konzentration auf die anderen Körperteile … … Das ist völlig normal … … Das ist auch gut so, denn wir können nicht auf alles gleichzeitig achten … … Eines aber kannst du immer gleichzeitig tun … … Du kannst in eine immer tiefere Entspannung gehen … … gerade weil du deine Aufmerksamkeit hin und her lenkst, vom Kopf zum Arm und zum Bein, gehst du ganz von selbst in eine schöne tiefe Entspannung … … Das ist das Besondere … … Konzentriere dich also nun einmal auf deinen rechten Arm … … und nun geh weiter zum linken Bein … … Jetzt spürst du dein linkes Bein … … Du kannst auch wieder deinen Kopf spüren … … du musst nur die Aufmerksamkeit dorthin lenken … … Und während du deinen Blick und deine Konzentration hin und her wandern lässt, vom Kopf zu den Armen, zu den Beinen oder auch zu anderen Körperstellen, gehst du immer tiefer in eine wunderschöne Entspannung hinein … … Das geht gleichzeitig … … Das ist das Besondere ... ...

Veränderungsbereitschaft fördern (Compliance)

... ... Wenn Entspannung so einfach ist, wie einfach ist dann auch Veränderung ... ... genau so einfach ... ... ganz genauso einfach ... ... Aufmerksamkeit, Achtsamkeit und Wahrnehmung verändern sich ... ...

Hauptteil

... ... Du hast dich in der letzten Zeit mit dir selbst auseinandergesetzt und erkannt, dass du in der Zukunft einiges anders machen solltest ... ... und zwar so, dass es dir viel besser gelingt, immer wieder den Ausgleich zwischen Stress und Ruhe zu finden ... ... immer wieder ausreichen Ruhephasen einzulegen ... ... und sofort zu spüren, wenn du schwächer wirst und Veränderung wichtig ist ... ... In deinen Gedanken ist dir das schon gelungen, und das ist wirklich gut so ... ... Nun kannst du daran arbeiten, einen inneren Plan zu entwerfen ... ... einen, über den du aber nicht nachdenken musst ... ... Dein tiefes Inneres erledigt das für dich ... ... Dein Unterbewusstsein kann neu für dich planen und damit dafür sorgen, dass du von vorneherein achtsamer mit dir und deiner Kraft umgehst ... ... Hierzu musst du deinem Unterbewusstsein erlauben, dir zu helfen ... ... und genau das hast du schon getan, indem du dich auf deine innere Ruhe und auf deinen Körper konzentriert hast ... ... So hast du bereits deinem Unterbewusstsein die Botschaft gesendet, dass es für dich nun in Ruhe arbeiten darf ... ... eine schöne Vorstellung, dass es einmal nicht du bist, der arbeitet, sondern deine unbewusste Seite ... ... ganz im Stillen ... ... Du erlaubst es und genau deswegen ist es auch möglich ... ...

... ... Richte deine Aufmerksamkeit nun auf deine Hände ... ... Überprüfe noch einmal, dass sie richtig neben deinem Körper liegen ... ... locker und bequem ... ... in vollkommener Entspannung ... ... Deine Handflächen berühren die Unterlage leicht ... ... *[Falls die Position so nicht eingenommen wurde bzw. inzwischen verändert wurde, bitte solange korrigieren, bis die Hände locker neben dem Körper liegen.]* ... ... Nun übernimmt dein Unterbewusstsein die Führung ... ... Dein tiefes Inneres sorgt dafür, dass alte Denk- und Handlungsmuster von dir abfallen und dass neue aufgebaut werden ... ... ganz ohne Anstrengung ... ... in Ruhe und Stille ... ... Dein Unterbewusstsein sorgt dafür, dass du achtsamer mit dir und deinen inneren Ressourcen umgehst und lässt diese neue Achtsamkeit und

Fürsorge zur Selbstverständlichkeit werden ... ... Es ist wie eine innere Reinigung ... ... Alte Muster des Denkens und Handelns werden losgelassen ... ... neue Muster des Denkens und Handelns bauen sich auf und helfen dir, ab sofort freier und glücklicher zu leben ... ... Stress rechtzeitig und nachhaltig auszugleichen ... ... mit Ruhe und Überblick zu arbeiten ... ... mit Vertrauen auf innere Führung den Tag gelassener zu gestalten ... ... Dein Unterbewusstsein zeigt dir nun, wie schnell es in dieser Reinigung und Neuschöpfung vorankommt ... ... Du wirst es daran erkennen, dass deine Hände gleich beginnen, sich nach außen zu drehen ... ... Deine Hände drehen sich langsam nach außen, bis sie schließlich auf dem Rücken liegen ... ... Konzentrier dich auf deine Hände und lass es einfach geschehen ... ... Dein Unterbewusstsein beginnt nun deine Hände nach außen zu drehen ... ... langsam, in deiner Geschwindigkeit, in deinem Tempo ... ... Je mehr du dich innerlich auf dein neues Denken und Handeln einstellst, umso mehr drehen sich deine Hände ... ... Sie drehen sich immer mehr nach außen ... ... Deine Hände drehen sich mit jedem Schritt der inneren Veränderung und Neuausrichtung ... ... genau so ... ... Spüre, wie deine Hände sich langsam drehen ... ... Sie drehen sich nach außen ... ... wie von selbst ... ... Du musst nichts tun ... ... Du musst nichts unternehmen ... ... Du musst nichts aktiv ändern ... ... Dein Unterbewusstsein erledigt für dich alles Notwendige ... ... Und als Zeichen der inneren Neuausrichtung drehen sich deine Hände ... ... immer weiter ... ... weiter und weiter ... ... bis sie mit den Handflächen nach oben zeigen ... ... *[Beobachten sie die Drehung der Hände, die relativ schnell einsetzt. Der Klient verbindet die Drehung mit innerer Veränderung. Sein Denken und Fühlen stellt sich dabei auf neue Perspektiven ein, die bereits angesprochen wurden: Ausgleich, Gelassenheit, Achtsamkeit! Wiederholen sie Suggestionen zum Drehen der Hände, bis diese mit den Handrücken auf der Unterlage liegen.] ... ...* Ist das nichts erstaunlich, wie schnell dein Unterbewusstsein bereit ist, dir zu helfen und es dir sogar zu zeigen ... ... Du kannst also mit deinem Unterbewusstsein in Kontakt treten ... ... Genau das machst du gerade, und dein

Inneres sagt dir: Ja, ich stelle mich innerlich um ... ... Ja, ich achte auf mich ... ... Ja, ich schenke mir Achtsamkeit und Zuwendung ... ... Ja, ich passe ab sofort gut auf mich auf ... ... Ja, ich werde und bleibe gesund ... ... Ja, ich werde und bleibe gesund ... ...

Festigung (Ankertechnik)

... ... Und auch im wachen Zustand kannst du weiter an deiner neuen Kraft und Zuversicht arbeiten, indem du einfach deine Hände bewusst nach außen drehst, sie dabei wahrnimmst und dich daran erinnerst, dass das ein Zeichen deines Inneren für Veränderung ist ... ... So kann das Drehen deiner Hände auch ein Signal für dein Unterbewusstsein sein, weiter konstruktiv für dich zu arbeiten und auf dich auszupassen ... ... Ausgleich, Gelassenheit, Achtsamkeit ... ... darauf kommt es an ... ...

Dehypnose 1 (Übergang zur Ausleitung)

... ... Nun sind wir mit der heutigen Arbeit fertig und es ist Zeit, wieder hier in diesen Raum zurückzukommen ... ... Deine Hände sind vollkommen locker und du hast die volle Kontrolle über deine Arme und deine Hände ... ... Du stellst dich darauf ein, wach zu werden ... ...

Dehypnose 2 (Ausleitung)

... ... Du orientierst dich zu mir hin ... ... Du konzentrierst dich auf meine Stimme und hörst mich gut ... ... Du kommst einfach zurück ins Hier und Jetzt ... ... Du wirst wacher mit jedem Atemzug ... ...

... ... Du beginnst dich zu bewegen und zu strecken ... ... Du atmest tief ein und aus ... ... Und während du wacher und wacher wirst ... ... in deinem eigenen Tempo ... ... in deiner Geschwindigkeit ... ... spürst du, dass wieder Frische und Energie in deinen Körper treten und du gleich völlig wach und fit bist ... ... Komm nun in deiner Geschwindigkeit zurück ... ... Und sobald du vollkommen wach bist, kannst du die Augen öffnen und dich wohl fühlen ... ...

Hypnose 8

Ein Zeichen der Kraft

Somato-emotionale Therapie

Die folgende Hypnose arbeitet mit der Verbindung von Emotion und Körper. Da sich alle Gefühle, ebenso wie Gedanken, in körperlichen Reaktionen zeigen, manchmal deutlich, häufig auch sehr diskret, kann mit Hilfe von Fokussierung auf Körperwahrnehmungen und achtsamer Hinwendung zu den Signalen des Körpers an der Problemlösung gearbeitet werden. Der Klient soll seine tief liegenden Gefühle körperlich spüren können und damit auf Anzeichen der emotionalen Veränderung schneller reagieren können. Suggestive Techniken helfen dabei, über eine Beeinflussung der Körperempfindungen auch Emotionen zu verändern, denn nicht nur die Gefühle erzeugen Körperreaktionen, gezielter Körpereinsatz wirkt auch auf die Empfindungen. Freude erzeugt beispielsweise ein Lächeln, umgekehrt bewirkt ein absichtliches Lächeln auch eine tendenzielle Aufhellung der inneren Stimmung.

Erläuterung zur Einleitung

Hier habe ich eine klassische Technik der Blickfixation gewählt. Legen sie hierzu Daumen, Zeigefinger und Mittelfinger ihrer rechten Hand an den Spitzen zusammen und lassen sie den Klienten frontal auf die Fingerspitzen blicken, etwa im Abstand von 30 Zentimetern. Halten sie die Finger zwischen die Augen, sodass der Blick geradeaus gerichtet wird. Bewegen sie während der Einleitung ihre Finger langsam auf die Stirn des Klienten zu, ohne diese jedoch zu berühren.

Einleitung (Induktion)

... ... Richte deinen Blick nun auf den Mittelpunkt zwischen meinen Fingern und konzentriere dich ganz darauf ... ... Nichts anderes ist nun wichtig, schau einfach auf meine Finger ... ... und schon bald wirst du bemerken, dass der Hintergrund allmählich verschwimmt ... ... Dabei fährt eine angenehme Müdigkeit in deine Augen ... ... und während meine Finger sich nun langsam auf deine Stirn zu bewegen, werden deine Augen müder ... ... und müder ... ... und deine Augenlider werden schwerer ... ... so als hingen kleinen Bleiplatten daran, werden sie langsam ... ... nach unten gezogen ... ... Das zeigt dir, dass dein Unterbewusstsein sich öffnet und du bereits auf dem Weg in eine angenehme Trance bist ... ... Je näher meine Finger kommen, umso mehr stellt sich das Gefühl ein, die Augen schließen zu wollen ... ... Wenn du denkst, es wäre besser, die Augen zu schließen ... ... kannst du sie einfach zu machen ... ... [*Falls die Augen noch offen sind*] ... ... Versuch einfach einmal, deine Augen nun zu schließen ... ... So ist es gut ... ... Du spürst die Entspannung der Augen ... ... und kommst dabei zur Ruhe ... ... angenehm und bequem ... ...

Vertiefung der Trance

... ... Stell dir nun einmal eine schöne, breite Treppe vor, die ganz tief hinab führt ... ... Und das Ende der Treppe liegt so tief unten, dass wir es nicht sehen können ... ... Es gibt kein Geländer an dieser Treppe und sie führt sehr ... ... sehr tief hinab ... ... Wir beide werden nun diese Treppe hinuntergehen ... ... Ich bin die ganze Zeit über bei dir ... ... Wir geben uns die Hände, so können wir ganz sicher nach unten gehen ... ... ganz tief hinab über diese Treppe, die nach unten führt ... ... und irgendwo im Dunkeln endet ... ... Wir gehen nun gemeinsam los ... ... Stufe für Stufe ... ... immer tiefer hinab ... ... Und mit jedem Schritt ... ... mit jeder Stufe, die uns tiefer bringt ... ... wird es etwas dunkler ... ... und immer stiller ... ... Und wir beide fühlen uns absolut sicher und wohl … … Mit jedem Schritt hinab stellt sich ein leichteres und angenehmeres Gefühl ein … … Immer tiefer gehen wir hinab … … Stufe für Stufe … … immer tiefer und tiefer … … Und es wird langsam … … immer dunkler … … und immer ruhiger … … und stiller … … Immer dunkler wird es, je weiter wir gehen … … Stufe für Stufe führt es uns hinab … … bis ganz nach unten … … Ganz unten in stiller … … und ganz angenehmer Dunkelheit … … kommen wir schon bald an … … Einige Stufen noch … … noch wenige Augenblicke … … Nun sind wir ganz unten angekommen … … Es ist ganz angenehm … … und bequem hier … … ganz bequem und ruhig … …

Veränderungsbereitschaft fördern (Compliance)

… … Du bist heute hier, um dich mit deinen alten Denkmustern zu befassen und mit all dem, was zu deiner Erschöpfung geführt hat … … All das, was tief in unserer Seele ist, ist auch in unserem Körper zu finden … … Jeder Gedanke, jede Stimmung … … jedes einzelne Gefühl bildet sich in unserem Körper ab … … zeigt sich dort als Druck … … als Spannung … … als seltsames Gefühl … … manchmal als Schmerz … … oder nur als Kribbeln … … Wenn du also deinen Körper deutlich spüren kannst, kannst du auch alles erreichen … …

Hauptteil

… … Irgendwo in deinem Körper sitzen also auch die alten Denkmuster des Erfüllens … … des Perfektionismus … … des übertriebenen Pflichterfüllens … … der extreme Fürsorge für andere und für deine Aufgaben … … das schlechte Gewissen … … Nennen wir es dein Burnout-Muster … … Es sitzt tief in dir und wirkt von dort aus, ohne dass du es bemerkt hattest … … Doch inzwischen kennst du es … … Es ist in deinen Gefühlen und Gedanken verankert, aber auch in deinem Körper … … Du kannst es in deinem Körper spüren … … Vielleicht weißt du ja, dass du alles, was zu dir gehört, auch körperlich spüren kannst, wenn du zur Ruhe kommst, so wie jetzt ... ... und dich auf deinen Körper konzentrierst ... ... so wie jetzt ... ... Natürlich hast du in deinem Alltag erlebt, wie sich dein Burnout-Muster auswirken kann, doch auch in deinem Körper zeigt es sich ... ... nur eben anders ... ... als Spannung ... ... als Wärme oder Kälte ... ... als Druck oder auf einem anderen Wege ... ... Alle Denkmuster, die wir tief in uns tragen, zeigen sich an einer bestimmten Stelle unseres Körpers am deutlichsten ... ... als Signal, das wir wahrnehmen können ... ... So zeigt sich auch in deinem Körper ein Signal deines Burnout-Musters, das dich warnen kann ... ... damit du nicht wieder so ausbrennst ... ... damit du besser auf dich achten kannst ... ... Du musst diese Stelle nur erkennen, dann kannst du sie auch bearbeiten und so ein neues Muster aufbauen ... ...

... ... Nun richte deine Aufmerksamkeit auf deinen Körper und spüre deinen Körper ... ... Geh von Kopf bis Fuß nach unten, wie mit einem Scanner und finde diese besondere Stelle ... ... Finde diese Stelle, die sich irgendwie anders anfühlt, weil dein Burnout-Muster dort sitzt ... ... Du findest sie ... ... Sie fühlt sich anders an ... ... vielleicht einfach etwas kälter oder wärmer ... ... vielleicht als Kribbeln ... ... oder als leichte Gänsehaut, die sich plötzlich bildet ... ... Wo auch immer diese Stelle ist ... ... Dort zeigt sich dein Burnout-Muster durch ein körperliches Signal ... ... genau dort ... ...

... ... Doch auch wenn du sie nicht gefunden hast ... ... Sie ist da ... ... Nimm dann einfach die Stelle, die dir spontan in den Sinn kommt ... ... wo auch immer das ist ... ... Spüre immer tiefer dort hinein ... ... Geh ganz in dieses Gefühl ... ... wie auch immer es sein mag ... ... Es ist dein Burnout, das du dort spürst ... ... Geh immer tiefer in diese Stelle deines Körpers und spüre immer deutlicher die Signale deines Körpers ... ... Vielleicht fühlt es sich anstrengend oder belastend an ... ... Vielleicht dachtest du, dass du es bereits mehr überwunden hast ... ... Sei unbesorgt, denn du spürst hier vor allem das Denkmuster, das zu deiner Überlastung und Erschöpfung geführt hat ... ...

… … Nun richte all deine Aufmerksamkeit und all deine Achtsamkeit und liebevolle Zuwendung auf genau diesen Punkt deines Körpers und verbinde dich mit dem inneren Muster, das dort liegt … … Stell dir vor, wie von dieser Stelle aus ein warmes Gefühl in alle Richtungen strömt … … als wäre eine innere Sonne an genau dieser Stelle, die ihr Licht und ihre Wärme ausbreitet und sanft nach allen Seiten ausstrahlt … … Lass es immer wärmer werden, so angenehm wie möglich … … Stell dir helles Licht vor, das von dieser Stelle aus in die Tiefe deines Körpers strahlt … … und auch nach außen … … Lass diese Stelle deines Körpers zur Wärmequelle werden und immer angenehmer für dich wirken … … Diese Wärme kann deinen ganzen Körper erfassen, weil du diese Achtsamkeit aufbringst … … diese Hinwendung zu dir selbst … … So wird diese Stelle deines Körpers immer ruhiger … … immer entspannter … … immer angenehmer … … und ebenso angenehm verändert sich das Denkmuster … … Immer mehr lösen sich alte Verstrickungen und werden durch neue Denkmuster der Selbstfürsorge und Achtsamkeit ersetzt … … Überall dort, wo vor kurzem noch das Burnout-Muster war, findest du mehr und mehr Liebe von dir für dich … … immer mehr Liebe von dir für dich … … deine Selbstliebe und Achtsamkeit … … deine Selbstliebe und Achtsamkeit … …

Festigung (Posthypnotischer Auftrag)

… … Du spürst die Veränderung deines Körpers und machst dir klar, dass dein Körper dir immer zeigen kann, wie es dir in deinen Gefühlen geht … … vor allem in den Gefühlen, die du im Alltag nicht immer so gut spüren konntest … … Jetzt kannst du es, denn du weißt, dass dein Körper dir hilft … … Du achtest also jeden Tag auf deinen Körper und fragst dich bereits morgens beim Aufstehen, wie sich dein Körper heute anfühlt … … Er zeigt dir, worauf du achten musst … … Wann immer du eine Stelle findest, die sich deutlich anders anfühlt als der übrige Körper, schenkst du dir selbst Achtsamkeit und konzentrierst dich auf diese Stelle ... ... Damit verbindest du dich mit dem Gefühl, das in dir liegt und erkennst es ... ... So kannst du reagieren ... ... So kannst du rechtzeitig erkennen, wann du dich um dich selbst mehr kümmern musst ... ...

Dehypnose 1 (Übergang zur Ausleitung)

... ... Genieße jetzt die tiefe Ruhe in deinem Körper ... ... Lass das angenehme Gefühl einfach da sein und stell dir vor, wie schön es ist, dieses Gefühl mit zu bringen, wenn du wieder vollkommen wach wirst ... ... Du kannst genau das tun, indem du dir klar machst, wie gut sich dein Körper jetzt fühlt ... ... und dich dann auf das Wachwerden einstellst ... ... Du bereitest dich jetzt darauf vor, in Kürze wieder wach zu sein, mit diesem guten Gefühl ... ... Nun ist es Zeit, zurückzukehren hier in diesen Raum und bald wieder wach zu sein ... ...

Dehypnose 2 (Ausleitung)

... ... Ich werde dich nun aufwecken und dazu stellst du dir einmal eine Treppe vor, die nach oben führt. Und wenn du oben angekommen bist, dann bist du vollkommen wach. Sobald du oben angekommen bist, bist du vollkommen wach ... ... Du gehst also auf der Treppe nach oben ... ... Stufe für Stufe und Schritt für Schritt ... ... Mit jeder Stufe, die du nach oben gehst, wirst du wacher ... ... und von Stufe zu Stufe wird es heller ... ... Es ist etwa so, als würdest du aus einem tiefen Keller heraus nach oben gehen ... ... Auch da weißt du, dass du mit jedem Schritt näher an die Oberfläche gelangst ... ... Du gehst also immer höher und höher ... ... Stufe für Stufe ... ... heller und heller ... ... wacher und wacher ... ... Du bist schon fast oben angekommen ... ... Du gehst immer weiter ... ... immer weiter nach oben und es wird heller und heller ... ... und du wirst wacher und wacher ... ... So, als wenn du aus einem Keller nach oben gehst, werden die Geräusche um dich herum lauter, denn gleich bist du wieder hier ... ... Aus deiner Tiefe zurückgekehrt und wach ... ... Du öffnest die Augen und bist wach ... ...

Hypnose 9

Wie eine Kerze im Wind

Fantasiereise der Traumlandtherapie

Der folgende Hypnosetext arbeitet im Hauptteil (Anwendungsteil, Therapieteil) mit einer Fantasiereise (Trancegeschichte). Das bedeutet, dass eine Abfolge von Szenen wie eine kleine Geschichte ausgewählt wird, als Stellvertreter für die emotionalen Hintergründe des behandelten Problems. Durch Auseinandersetzung auf der Gefühlsebene ändern sich Einstellungen, Haltungen und Bewertungen. Hier sind Suggestionsregeln weniger von Bedeutung als Vorstellungskraft und innere Kreativität des Klienten. Die Bilder werden daher teilweise mit vielen Details angeboten, andererseits auch vieles bewusst offen gelassen. Es handelt sich bei dieser Vorgehensweise um eine kooperative Art der Hypnose, die auf innere Selbstentfaltung im Zustand der Trance vertraut und daher viel weniger führt als klassische Suggestionshynosen.

Einleitung (Induktion)

... ... Finde die angenehmste Position ... ... so angenehm, dass es dir vorkommt, als ginge es kaum noch bequemer ... ... so bequem wie möglich ... ... Das hilft dir bei der Entspannung ... ... Du kannst die Augen schließen, so wird es dann noch gemütlicher ... ... Lass die Musik in den Raum kommen ... ... nimm sie wahr ... ... spüre den Rhythmus ... ... und konzentriere dich auf die Musik, als könntest du Worte hinter der Melodie hören ... ... Alles andere ist jetzt unwichtig ... ... Du gehst mit all deiner Achtsamkeit zu deinem Gehör und lässt es ganz deutlich werden ... ... So wird die Musik immer klarer und reiner ... ... Du hörst nur noch auf die Musik und hinter der Musik hörst du meine Stimme ... ... Alle Geräusche treten in den Hintergrund und lassen die Musik noch intensiver werden ... ... noch deutlicher zu hören ... ... Dabei entspannst du immer tiefer und tiefer ... ... Je mehr du dich auf die Musik konzentrierst, umso schneller und tiefer spürst du die Entspannung ... ... Du stellst dich auf eine gemütliche und tiefe Ruhe ein ... ...

Vertiefung der Trance

... ... Stell dir vor, du sitzt in einem Kino ... ... Ein altes Kino, so wie die Kinos früher einmal ausgesehen haben ... ... mit dicken, weichen Sesseln ... ... mit Samt bezogen ... ... ganz weiche Sessel ... ... Mach es dir in einem samtweichen Sessel bequem ... ... Du bist ganz alleine in diesem Kino ... ... Der ganze Saal ist leer und es ist ruhig ... ... ganz, ganz ruhig ... ... Schau dich etwas um in deinem Kinosaal ... ... Der Boden ist samtweich ... ... Ein ganz weicher Teppichboden ... ... Vielleicht ein dunkles Rot, ein schönes dunkles Rot ... ... Die Wände sind mit farbigem Stoff bezogen ... ... rot und grün ... ... rot und grün ... ... Und von der Decke hängt ein riesiger Kronleuchter herab, mit ganz vielen Glühbirnen und mit unzähligen Kristallen daran ... ... Er leuchtet gerade soviel, dass du alles gut erkennen kannst ... ...Mach es dir ganz bequem in deinem Sessel ... ... Lass es dir gut gehen in deinem weichen Sessel ... ... An den Wänden des Kinos hängen kleine Laternen ... ... zwei oder drei auf jeder Seite, rechts und links ... ... Darin brennen kleine violette Gasflammen ... ... Die Leinwand ganz weit vorne ist durch einen dicken, schweren Vorhang verdeckt ... ... Ein dunkler, schwerer Vorhang verdeckt die Leinwand in diesem schönen Kino ... ... Es wird langsam dunkler und dunkler ... ... Das Licht wird heruntergedreht und es wird immer dunkler und dunkler ... ... Und dabei kannst du es immer bequemer werden lassen und immer ruhiger in dir

… … Der Vorhang öffnet sich langsam … … der lange, schwere, dunkle Vorhang schiebt sich langsam zur Seite … … Immer weiter öffnet sich der Vorhang vor deiner Leinwand … … Und es wird dunkler und dunkler … … stiller und stiller … … Der Vorhang öffnet sich immer weiter … … Das leise Summen des Vorführgerätes ist zu hören, der Film beginnt … …

Veränderungsbereitschaft fördern (Compliance)

… … Du stellst dich auf eine innere Reise ein … … eine Reise in ein weit entferntes Land, das gleichzeitig ganz nah ist … … das Land deiner Träume … … Im Land der Träume ist alles möglich … … Du musst es nur finden … … und das kannst du … … Fühle den Rhythmus deiner Atmung und folge ihm … … Mit dem Wind deines Atems verlässt du deinen Körper und gehst in das Land der Träume … …

Hauptteil

… … Du stehst auf einer Wiese und spürst den Wind um dich herum … … Er weht stark, so als käme ein Sturm auf … … Vielleicht ist es auch bereits ein Sturm, der sich nur nicht so anfühlt, weil du daran gewöhnt bist, beim stärksten Sturm noch stehen zu bleiben … … wie ein Fels in der Brandung … … und wie von selbst beginnst du vorwärts zu gehen … … Niemand hat dich dazu aufgefordert, doch du machst es einfach … … so ist deine Routine … … In der Hand hältst du eine kleine brennende Kerze … … Du trägst sie mit einer Hand und mit der anderen versuchst du, die Flamme zu schützen, damit sie nicht ausgeht … … Sie wird vom Wind hin und her gerissen und droht zu verlöschen … … Doch schützend hältst du deine Hand darüber und gehst weiter … … immer weiter … … Und du konzentrierst dich voll und ganz auf die Kerze, damit ihre Flamme nicht ausgeht … … So oft hast du dich selbst schon gefühlt wie eine Kerze im Wind … … kurz vorm Erlöschen und immer in Gefahr … … nur deine eigenen Hände als Schutz … … Wenn du jetzt einmal darüber nachdenkst, wie du in den letzten Jahren gelebt und gearbeitet hast, kannst du es verstehen … … kannst du sehen, dass du selbst genauso warst wie diese Kerze im Wind … … ganz genau so … … Doch in der Zeit als es am schlimmsten war, hast du es nicht einmal bemerkt … … so sehr warst du mit dem Schutz dieser Flamme in dir beschäftigt, dass du wie ein Roboter weiter gelaufen bist … … Du hast einfach weiter gemacht, immer fokussiert auf die Kerze und immer im Wind … … Es blieb keine Zeit mehr zum Stehen bleiben … … zum Ausruhen … … zum Nachdenken über dich und deine Ziele … … über das, was sich lohnen kann und das, was nicht mehr wichtig ist … … Du warst wie eine Kerze im Wind … … kurz vorm Ausbrennen … …

… … Du nimmst deinen Blick nach oben und siehst dich um … … Du riskierst es, obwohl der Wind so stark ist … … Plötzlich bemerkst du, dass du mitten in einem Wald stehst … … Du bist hinein gelaufen, ohne es zu bemerken, denn du hast dich nur auf die Flamme konzentriert … … Nun bleibst du stehen und schaust tief in den Wald hinein … … Es ist dunkel … … Du bist tief im Land deiner Träume … … im Wald deiner Gedanken … … doch alles ist still und dunkel … … als wären deine Gedanken abgeschaltet … …

… … Dann fällt dir auf, dass der Wind längst aufgehört hat zu wehen … … und du kannst nicht einmal sagen, wann das geschehen ist … … vielleicht vor einer Sekunde … … vielleicht aber auch vor langer Zeit, wer weiß … … Die Kerze brennt immer noch, und du kannst dich umsehen … … tief in den Wald hinein schauen und zwischen den Bäumen hindurch … …

… … Zwischen den Bäumen erkennst du steinerne Tafeln, die jeweils eine Inschrift tragen … … ein Wort oder einen Satz … … ein Zeichen oder eine Zahl … … Es sind deine Gedanken, die hier auf dich warten … … nicht die, die du jeden Tag denkst, sondern die Gedanken, die schon lange auf dich warten … … für die du nur selten Zeit hattest … … Doch jetzt nimmst du dir die Zeit … … Doch weil es so dunkel hier ist, nimmst du die kleine Kerze, die du mit dir trägst, um diese Steintafeln zu erleuchten und deine eigenen Gedanken zu erkennen ... ...

... ... Plötzlich siehst du einen Gedanken nach dem anderen ... ... Du kannst sie einzeln lesen ... ... und plötzlich fallen dir all die interessanten Gedanken wieder ein, die du einst hattest ... ... Ideen ... ... Pläne ... ... Wünsche ... ... Träume ... ... Du siehst sie plötzlich ... ... Du spürst sie plötzlich wieder tief in dir ... ... so als würden sie heute wieder wach ... ... Mit Neugier und Interesse gehst du zwischen den Bäumen hindurch ... ... Du verlässt den Weg, um tiefer in deine Gedanken zu gelangen und findest immer neue Impulse ... ... Du nutzt die Kerze, um sie alle zu erkennen ... ... Und plötzlich wird dir klar, dass der Wind nicht das eigentliche Problem ist ... ... was du am meisten brauchst ist Zeit ... ... Wenn du hier im Land der Träume weitere Gedanken findest, so kannst du das nur solange tun wie die Kerze brennt ... ... Doch sie brennt viel langsamer als du dachtest ... ... Du hast also Zeit ... ... und nimmst dir vor, deine Zeit optimal zu nutzen ... ... für dich selbst ... ... Du weißt, dass nicht die Geschwindigkeit zählt, denn die würde Wind erzeugen ... ... Wenn du zu schnell nach vorne gehst, könnte die Kerze erlöschen und du würdest keine neuen Gedanken finden können ... ...

... ... Du nimmst dir also fest vor, sorgsam mit deiner Zeit umzugehen ... ... Ruhe und Ausgleich zu finden, um durch den Wald deiner eigenen Gedanken zu wandern ... ... Vielleicht weißt du ja, dass Gedanken übersetzte Gefühle sind ... ... Also findest du auch deine Gefühle im Wald der Gedanken ... ... spürst, wie du dich wirklich fühlst ... ...

... ... Du wanderst immer tiefer in den Wald deiner Gedanken, um immer neue Gedanken und Impulse zu finden ... ... Dabei fällt dir auf, dass die Kerze immer heller wird, je langsamer und sorgsamer du dich bewegst ... ... Hier im Land der Träume brennt deine Kerze nur aus, wenn du dich schnell bewegst ... ... Mit Ruhe und Übersicht ... ... mit Interesse und Neugier auf deine Gedanken und auf deine Gefühle brennt sie ewig weiter ... ... und wird mit jedem ruhigen Schritt heller ... ...

Festigung (Posthypnotischer Auftrag)

… … Dann überlegst du dir, dass das vielleicht nicht nur im Land der Träume so ist, sondern auch in deinem Alltag … … Fantasie und Wirklichkeit liegen viel näher beieinander als du dachtest … … Du denkst darüber nach, dass das Land der Träume tief in dir drin ist. Dort war es schon immer. Ich erzähle dir nur davon … …

Dehypnose 1 (Übergang zur Ausleitung)

… … Nun ist es Zeit, alle inneren Bilder auszublenden und wieder zurückzukehren, um wieder ganz im Hier und Jetzt zu sein. Du stellst dich also darauf ein, wieder wach zu werden. In wenigen Augenblicken wieder ganz hier zu sein, hier in diesem Raum, vollkommen wach und gut erholt … …

Dehypnose 2 (Ausleitung)

… … Alle Gedanken und Bilder, die du jetzt im Kopf hast, kannst du langsam ausblenden … … Du kannst dir alle Gedanken vorstellen wie ein Film auf einer Leinwand. Du hast sie dir angeschaut, vielleicht würdest du auch gerne das eine oder andere länger betrachten … … Du weißt, dass du jederzeit noch einmal in deine inneren Bilder gehen kannst, um sie anzuschauen … … Jetzt aber blendest du alle Bilder aus. Dazu stellst du dir vor, wie alle inneren Bilder und alle Gedanken auf dieser Leinwand immer dunkler werden … … So, als würde jemand das Licht ausdrehen … … Die Bilder und Gedanken werden dunkler und blasser, bis du sie kaum noch erkennen kannst. Wie in einem Kino, wenn die Vorstellung zu Ende geht. Die Leinwand wird dunkel … … Der Film ist zu Ende … … Du kannst das Licht einschalten, indem du die Augen öffnest und wieder wach bist … …

Hypnose 10

Zeit anhalten

Fantasiereise der Traumlandtherapie

Der folgende Hypnosetext arbeitet im Hauptteil (Anwendungsteil, Therapieteil) mit einer Fantasiereise (Trancegeschichte). Das bedeutet, dass eine Abfolge von Szenen wie eine kleine Geschichte ausgewählt wird, als Stellvertreter für die emotionalen Hintergründe des behandelten Problems. Durch Auseinandersetzung auf der Gefühlsebene ändern sich Einstellungen, Haltungen und Bewertungen. Hier sind Suggestionsregeln weniger von Bedeutung als Vorstellungskraft und innere Kreativität des Klienten. Die Bilder werden daher teilweise mit vielen Details angeboten, andererseits auch vieles bewusst offen gelassen. Es handelt sich bei dieser Vorgehensweise um eine kooperative Art der Hypnose, die auf innere Selbstentfaltung im Zustand der Trance vertraut und daher viel weniger führt als klassische Suggestionshypnosen.

Einleitung (Induktion)

... ... Mach die Augen zu und atme tief ein und langsam und lange aus ... ... noch einmal tief einatmen ... ... und langsam und lange ausatmen ... ... genau so ... ... Nun konzentriere dich auf das Gefühl der Haut in deinem Gesicht ... ... vielleicht ist sie etwas angespannt, weil du dich zunächst noch tiefer entspannen willst ... ... Entspanne einfach dein Gesicht ... ... Lass alle Muskeln im Gesicht los und entspanne dein Gesicht ... ... zuerst die Stirn ... ... dann die Augen ... ... die Wangen ... ... und schließlich den Mund und den Kiefer ... ... Dann achte auf die Temperatur hier im Raum ... ... Du kannst sie im Gesicht fühlen ... ... Deine Haut kann dir mitteilen, ob es warm hier ist oder eher kühl ... ... vielleicht auch neutral ... ... oder einfach nur angenehm ... ... Nimm deutlich das Gefühl der Haut deines Gesichtes wahr ... ... mach dir dieses Gefühl bewusst und lass es ganz deutlich werden ... ... Vielleicht hast du schon bemerkt, dass dein Gesicht wärmer wird, wenn du dich ganz darauf konzentrierst ... ... Je mehr es dir gelingt, dich auf dein Gesicht zu konzentrieren, umso tiefer gehst du auch in den Zustand der inneren Ruhe ... ... Es ist ganz leicht ... ... es geht wie von selbst ... ... immer tiefer versinkst du in der inneren Ruhe ... ... Schritt für Schritt ... ... Du kannst die Ruhe immer deutlicher fühlen ... ... und vielleicht möchtest du noch viel ruhiger werden ... ... indem du dich noch mehr auf das Gefühl der Haut deines Gesichts konzentrierst ... ... immer mehr stellt sich dein Körper auf Ruhe und Entspannung ein ... ... immer tiefer und ruhiger ... ...

Vertiefung der Trance

... ... Zur Unterstützung deiner inneren Ruhe machen wir eine Reise durch deinen Körper ... ... Du kannst einmal auf deine Atmung achten und spüren, wie dein Atem ein- und ausströmt ... ... Und du kannst dir vorstellen, dass du deine Atemluft lenken könntest, mit der Kraft deiner Gedanken ... ... Du stellst dir also jetzt einmal vor, dass du deinen Atem in deine Armen lenken kannst ... ... Du atmest ein und stellst dir vor, wie die Atemluft bis ganz tief in die Arme strömt ... ... zu den Händen, bis in die Finger hinein ... ... Und beim Ausatmen strömt die Luft wieder sanft und geschmeidig zurück und über die Nase nach draußen ... ... Dabei entspannen sich deine Arme ganz von selbst ... ...

... ... Und nun konzentrierst du dich auf den Kopf ... ... Du kannst nun beginnen, in deinen Kopf hinein zu atmen ... ... Diese Vorstellung ist ziemlich leicht. Du spürst sowieso die Atemluft durch deine Nase ein- und ausströmen ... ... Und du kannst dir auch vorstellen, dass du in deinen Kopf hinein atmen kannst … … So kann sich auch dein Kopf entspannen … … Und du gehst schon tiefer in deine Ruhe hinein … … … … Dann atmest du in deinen Oberkörper hinein … … Du stellst dir vor, wie die Atemluft den ganzen Oberkörper durchströmt … … und alles entspannt sich … … dein Bauch entspannt sich … … dein Rücken entspannt sich … … und du kommst immer tiefer in diesen schönen Zustand der inneren Ruhe und Gelassenheit … … Mit jedem Atemzug wird es etwas ruhiger in dir … … Nun atmest du in die Beine … … Mit tiefen Atemzügen lässt du die Luft bis ganz tief in deine Beine strömen … … Du atmest bis zu den Füßen hinunter … … und dann wieder zurück zur Nase und nach draußen … … So entspannen sich auch deine Beine und du kommst immer mehr zur Ruhe … …

Veränderungsbereitschaft fördern (Compliance)

... ... Du stellst dich auf eine innere Reise ein ... ... eine Reise in ein weit entferntes Land, das gleichzeitig ganz nah ist ... ... das Land deiner Träume ... ... Im Land der Träume ist alles möglich ... ... Du musst es nur finden ... ... und das kannst du ... ... Fühle den Rhythmus deiner Atmung und folge ihm ... ... Mit dem Wind deines Atems verlässt du deinen Körper und gehst in das Land der Träume ... ...

Hauptteil

… … Du sitzt in einer gläsernen Uhr … … und um dich herum sind unzählige Zahnräder, die ineinander greifen und immer weiter sich drehen … … unaufhörlich … … immer weiter … … Dieses Uhrwerk kannst du dir jetzt vorstellen … … ein Bild vor deinem inneren Auge entwerfen … … ein gläsernes Uhrwerk, und du bist mitten drin … … Du kannst nach draußen schauen … … sehen, was um dich herum passiert … … Und dennoch, bekommst du vieles nicht mit … … Die ständig sich drehenden und arbeitenden Zahnräder machen permanent Geräusche … … Sie rasseln und knacken … … Sie reiben sich aneinander

… … Sie erzeugen Lärm in der Getriebenheit … … Deshalb kannst du das, was außerhalb des gläsernen Uhrwerks sich befindet, auch nur sehen … … hören kannst du es kaum … … Aber das ist dir vielleicht noch gar nicht aufgefallen … … Du denkst darüber nach, wie es wohl wäre, das Uhrwerk einfach anzuhalten und so Ruhe zu erzeugen … … Die Uhr würde nicht mehr weiter laufen … … Die Zeit würde anhalten … … Du überlegst dir, ob du vielleicht immer wieder einmal … … für kurze Zeit … … das Uhrwerk anhalten könntest … … um es dann wieder zu starten … … So könntest du Ruhe finden und alles würde später wieder weiter gehen … … Auch das wäre eine Möglichkeit … … Du könntest dein Uhrwerk zeitweise anhalten und eine Auszeit nehmen … … Das hast du bestimmt schon häufig versucht … … Einfach Pause machen … … oder Urlaub … … abschalten und nichts tun … … den richtigen Zeitpunkt zu finden, ist nicht immer leicht … … Dann fällt dir ein, dass Du das Uhrwerk vielleicht bremsen könntest … … Du stehst ja mitten in diesem gläsernen Uhrwerk und könntest die Zahnräder vielleicht einfach langsamer laufen lassen … … Alles würde weiter gehen … … alles mit der gleichen Präzision … … nur eben mit mehr Ruhe … … und leiser … … sodass du deine Umgebung wieder besser wahrnehmen könntest … … und dich selbst sicher auch … …

... ... Und wenn dieses Uhrwerk einfach langsamer laufen würde … … wäre eine Stunde immer noch eine Stunde … … nur eben dann eine langsame Stunde … … Eine Stunde, in der du mehr Zeit hast als vorher … … obwohl alles langsamer läuft … … Du erledigst das Gleiche … … und du erlebst deine Umgebung aktiv und spürst sie ganz deutlich … … und auch dich selbst kannst du mehr spüren … … Alles ist viel leiser, wenn das Uhrwerk langsamer läuft … … mit der gleichen Präzision … … mit der gleichen Verlässlichkeit … … und doch bleibt eine Stunde eine Stunde … … und du kannst während einer Stunden das Gleiche erledigen … … vielleicht sogar mehr … … in Ruhe … … in aller Ruhe … …Dann erkennst du vielleicht, dass das eine gute Idee sein könnte …

… Und du gehst durch dieses riesige Uhrwerk und suchst nach einem Schalter … … oder einem Hebel, mit dem du das Uhrwerk verlangsamen kannst … … Dann findest du eine goldene Stellschraube … … Sie ist verbunden mit den Spannfedern, die das Uhrwerk antreiben … … Man kann sie fester drehen, dann spannt sich alles mehr und alles läuft schneller … … Man kann sie auch lockern … … Dazu musst du sie nach links drehen … … dann löst sich die Spannung der Federn etwas … … Schritt für Schritt … … und alles wird ruhiger … … Das Uhrwerk kommt zur Ruhe … …

… … Du drehst jetzt die Stellschraube nach links … … und löst die Spannung … … Du lockerst die Spannfedern … … Alles wird langsamer … … Alles wird ruhiger … … Der Lärm lässt nach … … Die Zahnräder surren ganz leise und angenehm … … ganz ruhig … … Dann schaust du nach draußen und kannst deine Umgebung sehen … … dein Zuhause … … vielleicht Angehörige … … oder Freunde … … Möglicherweise gibt es da auch Hobbys, die dich interessieren … … Orte und Situationen … … Alles, was in deinem Leben eine Rolle spielt, kannst du von hier aus sehen … … Es ist ja ein gläsernes Uhrwerk, in dem du stehst … … Und jetzt kannst du alles in Ruhe betrachten … … Und du hörst wieder etwas von draußen … … Stimmen, die dich rufen, die du vorher gar nicht hören konntest … … Vielleicht kannst du nun auch deine innere Stimme besser hören, die dir sagt: Kümmere dich um dich selbst! Das brauchst du jetzt am meisten, und das hast du auch verdient! … …

Festigung (Posthypnotischer Auftrag)

… … Dann gehst du aus dem Uhrwerk raus und siehst dir deine Welt an … … Alles ist unverändert hier … … Aber du hast mehr Zeit, denn alles läuft langsamer … … mit der gleichen Verlässlichkeit … … und du hast Zeit gewonnen … … Zeit für alles, was dir wichtig ist … … vielleicht für deine Familie … … für deine Freunde … … für Hobbys … … für ganz neue Interessen und Ideen … … aber vor allem … … für dich selbst … … und darauf kommt es an … … Du hast nun Zeit für dich … … Lass dein Uhrwerk einfach so schön langsam und gemütlich laufen … … Und vielleicht wird es ja irgendwann wieder schneller … … aus der Routine heraus … … weil du es so gewöhnt bist … … Dann kommst du einfach zurück und gehst in das gläserne Uhrwerk … … zu der goldenen Stellschraube … … Du weißt ja nun, wo du sie findest … … Und dann drosselst du das Tempo … … kommst zur Ruhe … … ganz langsam … … So wie jetzt … … So wie jetzt … …

Dehypnose 1 (Übergang zur Ausleitung)

... ... Lass deine Gedanken hin und her gehen und lass alle Bilder nun verblassen ... ... Es ist Zeit, zurückzukehren und Schritt für Schritt wieder wach zu werden ... ... Stell dich innerlich nun auf das Aufwachen ein ... ...

Dehypnose 2 (Ausleitung)

... ... Ich werde dich gleich aufwecken und dazu werde ich bis sieben zählen. Und wenn ich bei sieben angekommen bin, dann bist du vollkommen wach. Vollkommen wach und gut erholt ... ...

... … Eins … ... Dein Puls beschleunigt sich und nimmt wieder deine normalen Wachwerte an … … Zwei … ... Dein Kreislauf ist stabil, du fühlst dich vollkommen wohl … … Drei … ... Deine Atmung kommt zurück auf dein normales Wachniveau und du spürst, dass du nun zurückkommst … … Vier … ... Dein Körper fühlt sich normal und gut an, du hast die volle Kontrolle über deinen Körper… … Fünf … ... Du wirst wacher und wacher … … Sechs … ... Meine Stimme wird lauter und du spürst, dass du gleich vollkommen wach bist … … Sieben … ... Wach auf und öffne die Augen! ... ...

Weitere Bücher des Autors

Buchreihe: Zehn Hypnosen

Simon, I. M.: Zehn Hypnosen. Band 1: Raucherentwöhnung
Norderstedt: Books on Demand 2009. ISBN: 978-3-8391-1838-2

Simon, I. M.: Zehn Hypnosen. Band 2: Angst und Unruhezustände
Norderstedt: Books on Demand 2009. ISBN: 978-3-8391-0659-4

Simon, I. M.: Zehn Hypnosen. Band 3: Burn Out
St. Wendel: Verlag Ingo Simon 2012. ISBN: 978-3-943323-08-5

Simon, I. M.: Zehn Hypnosen. Band 4: Übergewicht reduzieren
St. Wendel: Verlag Ingo Simon 2012. ISBN: 978-3-943323-09-2

Simon, I. M.: Zehn Hypnosen. Band 5: Vergangenheitsbewältigung
St. Wendel: Verlag Ingo Simon 2012. ISBN: 978-3-943323-10-8

Simon, I. M.: Zehn Hypnosen. Band 6: Suizidgedanken und Suizidversuche
St. Wendel: Verlag Ingo Simon 2012. ISBN: 978-3-943323-15-3

Simon, I. M.: Zehn Hypnosen. Band 7: Psychoonkologie
St. Wendel: Verlag Ingo Simon 2012. ISBN: 978-3-943323-20-7

Simon, I. M.: Zehn Hypnosen. Band 8: Zwänge und Tics
St. Wendel: Verlag Ingo Simon 2012. ISBN: 978-3-943323-22-1

Simon, I. M.: Zehn Hypnosen. Band 9: Selbstvertrauen und Entscheidungen
St. Wendel: Verlag Ingo Simon 2012. ISBN: 978-3-943323-28-3

Simon, I. M.: Zehn Hypnosen. Band 10: Trauerarbeit
St. Wendel: Verlag Ingo Simon 2012. ISBN: 978-3-943323-30-6

Buchreihe: Hypnose und Trancetherapie

Simon, I. M.: Hypnosepraxis. Ein Leitfaden der Trancearbeit; Norderstedt: Books on Demand 2009. ISBN: 978-3-8370-7629-5

Simon, I. M.: Reframing in Trance. Perspektiven mit Hypnose ändern Norderstedt: Books on Demand 2009. ISBN: 978-3-8370-7639-4

Simon, I. M.: Rückführungen. Leitfaden der Reinkarnationstherapie Norderstedt: Books on Demand 2009. ISBN: 978-3-8370-7642-4

Weitere Hypnosebücher

Simon, I. M.: Hypnose kreativ gestalten. Anleitungen und Texte für die Praxis Norderstedt: Books on Demand 2012. ISBN: 978-3-8448-0308-2

Simon, I. M.: Der Hypnosebaukasten. Textbausteine und Anleitungen Norderstedt: Books on Demand 2010. ISBN: 978-3-8391-8109-6

Simon, I. M.: Grundkurs Hypnose. Norderstedt: Books on Demand 2009 ISBN: 978-3-8391-0170-4

Simon, I. M.: Suggestionen richtig formulieren. 10 Minimax-Techniken für Hypnotiseure. Norderstedt: Books on Demand 2009. ISBN 978-3-8370-9519-7

Trancegeschichten

Simon, I. M.: Fang wieder an zu leben. Trancegeschichten der Traumlandtherapie St. Wendel: Verlag Ingo Simon 2012. ISBN: 978-3-943323-05-4

Simon, I. M.: Wellen am Horizont. Trancegeschichten Norderstedt: Books on Demand 2009. ISBN: 978-3-8391-1394-3

Simon, I. M.: Heilsame Fantasien. Trancegeschichten Norderstedt: Books on Demand 2010. ISBN: 978-3-8391-0899-4

Simon, I. M.: Fang wieder an zu leben. Trancegeschichten St. Wendel: Verlag Ingo Simon 2012. ISBN: 978-3-943323-05-4

Heilpraktikerbücher

Simon, I. M.: Heilpraktiker für Psychotherapie. Prüfungswissen. Norderstedt: Books on Demand 2007. ISBN: 978-3-8334-9867-1

Simon, I. M.: Heilpraktiker für Psychotherapie. Die mündliche Prüfung. Norderstedt: Books on Demand 2008. ISBN: 978-3-8334-9868-8

Simon, I. M.: Heilpraktiker für Psychotherapie. Die schriftliche Prüfung. Mit kommentierten Amtsarztfragen. Norderstedt: Books on Demand 2007. ISBN: 978-3-8370-0347-5

Simon, I. M.: Heilpraktiker für Psychotherapie. 20 Fallbeispiele. Norderstedt: Books on Demand 2008. ISBN: 978-3-8370-1090-0

Simon, I. M.: Endlich Heilpraktiker. Die häufigsten Irrtümer in der Psychotherapieprüfung. Norderstedt: Books on Demand 2007. ISBN: 978-3-8370-0329-1

Simon, I. M.: Übungsaufgaben Psychotherapie. Zur Vorbereitung auf den kleinen Heilpraktiker. Norderstedt: Books on Demand 2007. ISBN: 978-3-8370-0683-4

Simon, I. M.: Crashtest Psychotherapie. Zur Vorbereitung auf den kleinen Heilpraktiker. Norderstedt: Books on Demand 2007. ISBN: 978-3-8370-0709-1

Simon, I. M.: Spezialtest Psychotherapie. Für kleine und große Heilpraktiker. Norderstedt: Books on Demand 2008. ISBN: 978-3-8370-5838-3

Simon, I. M.: Heilpraktikerprüfung Psychotherapie. 200 kommentierte Aufgaben. Norderstedt: Books on Demand 2008. ISBN: 978-3-8370-6017-1

Simon, I. M.: Diagnosetraining Psychotherapie. Ein Arbeits- und Nachschlagebuch. Norderstedt: Books on Demand 2008. ISBN: 978-3-8370-4281-8

Simon, I. M.: Psychotherapie. Der Fragenkatalog. Fachwissen Heilkunde. Norderstedt: Books on Demand 2009. ISBN: 978-3-8370-5396-8